올쏨
서술형 시리즈 1

기본 문장 PATTERN

저자	김기훈	現 (주) 쎄듀 대표이사
		現 메가스터디 영어영역 대표강사
		前 서울특별시 교육청 외국어 교육정책자문위원회 위원
	저서	천일문 / 천일문 Training Book / 천일문 GRAMMAR
		첫단추 BASIC / 쎄듀 본영어 / 어휘끝 / 어법끝 / 문법의 골든룰 101
		절대평가 PLAN A / 리딩 플랫폼 / ALL씀 서술형
		Reading Relay / The 리딩플레이어 / 빈칸백서 / 오답백서
		첫단추 / 파워업 / 수능영어 절대유형 / 수능실감 등

쎄듀 영어교육연구센터
쎄듀 영어교육센터는 영어 콘텐츠에 대한 전문지식과 경험을 바탕으로
최고의 교육 콘텐츠를 만들고자 최선의 노력을 다하는 전문가 집단입니다.

오혜정 센터장

마케팅	콘텐츠 마케팅 사업본부
제작	정승호
영업	문병구
인디자인 편집	올댓에디팅
디자인	홍단 · 윤혜영
영문교열	Adam Miller

Preface 이 책을 쓰며

서술형을 해결하기 위해서는 다양한 지식이 필요합니다. 단어, 문법, 구문에 관련한 지식은 물론 때로는 우리말과 영어의 차이에 대해서도 알아야 하죠. 그렇기 때문에 서술형은 단시간 내에 해결하기는 어렵고 반드시 가장 기본적인 것에서부터 실제 시험 문제에 이르기까지 '단계적'으로 학습해야 합니다. 따라서 쎄듀 〈ALL쏨 서술형 시리즈〉는 단계적으로 서술형을 해결하기 위해 최적화된 구성으로 기획되었습니다.

본 1권에서는 동사가 만드는 패턴 16가지를 먼저 공부합니다. 동사는 뒤에 목적어가 오는지 오지 않는지, 온다면 어떤 형태로 오는지 등 문장의 뼈대를 완성하는 주요 역할을 하기 때문입니다.

〈ALL쏨 기본 문장 PATTERN〉의 특장점은 다음과 같습니다.

① 16개의 문장 Pattern 학습

흔히 알고 있는 5문형을 세분화하여 16가지로 나누고, 중고등 서술형 시험에서 가장 빈출 되는 기본 동사 351개를 이 16개의 패턴으로 나눠 보다 효율적으로 학습합니다.

기본 동사는 달리 기본 동사가 아니라 너무나도 자주 빈출 되기 때문이며, 이는 중고등을 가리지 않습니다. 물론 이보다 더 어려운 동사가 등장하는 경우도 있지만, 기본 동사로 문장의 뼈대를 잡는다면 그때그때 해결이 가능하고, 기본 동사의 쓰임이 훨씬 더 다양하고 복잡하므로 이를 우선적으로 확실하게 학습하는 것이 관건입니다.

② 동사 ▶ 동사구 ▶ 문장 적용의 단계별 학습

처음부터 완전한 문장을 쓰고자 하는 것은 학습자의 부담을 더합니다. 패턴별로 빈출 되는 동사부터 동사구, 문장 적용까지 일련의 과정을 통해 스스로 성취감을 느끼며 나아갈 수 있도록 단계별 학습을 제공합니다.

③ 패턴별 필수 문법 정리 수록

문법 규칙을 이해하고 적용하는 능력을 키울수록, 자연히 문법적 오류를 범할 확률은 줄어듭니다. 패턴별로 꼭 알아야 하는, '쓰기'에 최적화된 필수 문법 학습이 가능합니다.

영어에서 '쓰기'가 가장 어렵고 자신 없는 영역이 된 이유는 '쓰기 교육'의 비중이 적었기 때문입니다. 이는 영어로 문장을 쓰는 훈련이 반복되면 충분히 해결이 가능한 부분입니다. 이제 쎄듀가 출간한 〈ALL쏨 서술형 시리즈〉가 여러분의 '영어 쓰기'에 자신감을 불어 넣어 더 이상 서술형을 두려워하지 않도록 실력을 쌓는 밑거름이 되기를 바랍니다.

저자

About this book 이 책의 구성과 특징

1 PATTERN 학습

- 배우게 될 패턴의 이해를 위한 쉽고 자세한 설명
- **Learn More** 추가로 알아야 하는 심화 내용 학습

2 One Page View
한 눈에 보는 **Key Verbs, Phrases & Sentences**

- 패턴별 기본 동사, 구, 문장을
  한눈에 볼 수 있도록 한 페이지에 정리

3 3단계 학습 : STEP 0 → STEP 1 → STEP 2

STEP 0 Key Verbs 동사의 변화형 다지기	**STEP 1 Key Phrases** 짧은 구 익히기	**STEP 2 Key Sentences** 문장 도전하기

- **One Page View**에 수록된
  기본 동사의 주의해야 할
  변화형 학습
- 학습한 동사의 변화형을
  확인하는 문제 수록

- **One Page View**에 수록된
  짧은 구를 써보며 익히기
- 첫 철자를 힌트로 제공

- **One Page View**에 수록된
  문장 쓰기에 도전
- 주요 동사를 힌트로 제공
- 짧은 구를 적용할 수 있도록
  의미 단위를 끊어서 제시

4 ## Must-Knows! 문어법 짚어보기

- 영작을 위해 꼭 알아야 할 문어법 사항 체크
- 문어법 문제 유형 완벽 대비

  문장구조 파악하기 문장 오류 찾기 맞는 어법 고르기
  의미 파악하기 빈칸 채우기

5 ## Write More! 응용 문장에 적용하기

- 학습한 내용을 응용 문장에 적용
- 영작 문제 유형 완벽 대비

  배열 영작 주어진 단어를 패턴에 맞게 순서대로 배열
  조건 영작 주어진 단어를 활용하여 문장을 완성
  문장 전환 두 문장이 같은 의미가 되도록 빈칸 완성

6 ## OVERALL TEST

- **PART**에서 배운 내용 총괄 평가
- 다양한 문어법 및 영작 문제 유형 수록

7 ## WORKBOOK

- 워크북에 수록된 추가 문제로 완벽 마무리

www.cedubook.com에서 무료 부가서비스(어휘리스트, 어휘테스트)를 다운로드하세요.

CONTENTS

WORKBOOK

정답 및 해설

Foreword 이 책을 시작하기에 앞서

5문형(또는 5형식)은 중학생 이상을 대상으로 하는 대부분의 문법책에서
맨 앞을 차지하고 있는 매우 중요한 부분이다.

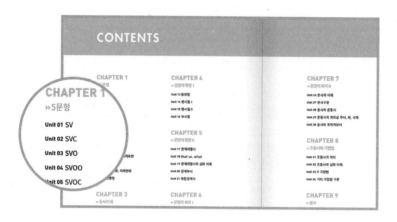

이 5문형 챕터에서 강조하는 것은 바로,
모든 영어 문장은 이 5문형 중의 하나에 속한다는 것이다.

	주어	동사	목적어	보어
1문형	He	has arrived.		
2문형	That boy	is		my friend.
3문형	My mom	called	my name.	
4문형	They	gave	me	a present.
5문형	The young lady	made	me	nervous.

주부 (主部)   술부 (述部)

그래서, 5문형 챕터를 통달하면
모든 영어 문장을 자유로이 만들 수 있을 것 같은
착각이 드는 것도 사실이다.
그런데 이 5문형 학습이 절대 쉽지 않고,
학습을 해도 찜찜한 기분이 드는 건,
동사마다 취하는 문형을 일일이 익혀야 하기 때문이다.

동사의 의미를 알면 문형까지 알 수 있는 것도 있긴 하다.
예를 들어 동사 eat(~을 먹다)은 그 의미만으로도
뒤에 목적어가 올 것으로 예상이 가능하다.

I ***eat*** **bread** for a breakfast. (나는 아침으로 빵을 먹는다.)

그런데, 그렇지 않은 동사도 많다.
주로 시험에 나오는 것들인데, leave와 depart가 그러하다.
똑같은 '떠나다'란 의미지만,
leave Seoul(3문형)은 되고 depart Seoul(X)은 안 된다.
반드시 depart와 Seoul 사이에 from을 써서
depart from Seoul(1문형)이라 해야 한다.

leave Seoul　(3문형)
depart from Seoul　(1문형)
(서울을 떠나다)

또한 tell me something(4문형)은 되지만
say me something은 안 되고
say something to me(3문형)라고 해야 한다.

그러므로, 5문형은 문법책의 한 챕터로서
학습이 끝나는 문제가 결코 아니다.
동사마다 뒤의 어구가 바로바로
튀어나올 수 있도록 익혀야 말할 수도, 쓸 수도 있다.

영어는 엄연히 우리말과 다른 특성을 가진 언어이다.

앞뒤 문맥으로 알 수 있으면 목적어도
쉽게 생략해 버리는 우리말과는 달리,
영어는 3문형 동사가 나오면
반드시 뒤에 목적어를 써줘야 한다.

> **A** 저녁 차려놨어.
> I prepared **your supper**.

> **B** I had **it** already.
> 벌써 먹었는데.

어려운 동사, 잘 안 쓰이는 의미까지 모두 통달할 필요는 없다.
가장 빈출 되는 동사의 가장 잘 쓰이는 의미 중심으로
패턴 학습을 제대로 시작하는 것이 영어 학습에서 가장 중요하다.

이제 16개의 패턴과 각 패턴에 빈출 되는 기본 동사 학습을 통해
영어를 영어로 이해하고 학습할 때이다.

I'm on cloud nine.
구름 위에 둥둥 뜬 기분이야.

A: You seem very happy. What's up?
　　너 아주 행복해 보인다. 무슨 일 있어?

B: I passed the mid-term exam. I'm on cloud nine right now.
　　나 중간고사 통과했거든. 지금 _____.

행복해 보이는 친구에게 무슨 일이 있는지 묻습니다.
그러자 그 친구는 자신이 9번 구름 위에 있다고 하네요.

무슨 의미일까요?

미국기상청에서 구름의 높낮이를 측정할 때,
가장 높은 구름을 cloud nine으로 부른다고 해요.
가장 높은 구름 위에 있으면,
과연 기분이 어떨지 상상이 가시나요?

우리말에도 '마치 구름 위에 떠 있는 기분이야'라는 표현이 있지요.
좋은 일이 있을 때 너무나 기분이 좋은 나머지
몸이 둥둥 뜨는 것처럼 느껴진 적 한번쯤은 있을 텐데요.

그럴 땐,
I'm on cloud nine.
라고 말해봅시다.

PART

1

s+V

문법책에서 '문장이 성립한다.'는 말을
본 적이 있을 것이다.
이 말은 그 문장을 상대방에게 전달할 때
의미가 올바로 이해될 수 있다는 뜻과 같다.

그런데, 대부분의 문장은
주어, 동사 외에 목적어가 있어야 의미가 이해된다.

I made. (?)	I made **a little snowman**. (○)
	목적어
나는 만들었다. (?)	나는 **조그만 눈사람**을 만들었다. (○)

즉, 주어, 동사만으로 문장이 성립하는 것은
몇몇 특정한 경우에 한하는데,
이 패턴에서는 바로 이러한 문장을 만드는
동사들에 대해 살펴본다.

자연스런 대화나 글에서는 이 동사들이
부사(구)와 함께 쓰이는 경우가 많다.

잘 쓰이는 부사	
어떻게 (방법)	quickly, quietly, loudly, carefully, badly, beautifully 등 He laughed **loudly**. (그는 **크게** 웃었다.)
어디에 (장소)	there, nearby, upstairs, in the kitchen, at school 등 She was **in her room**. (그녀는 **자기 방에** 있었다.)
언제 (시간, 때)	tomorrow, yesterday, soon, now, lately, already 등 The meeting is **tomorrow**. (회의는 **내일** 열린다.)
얼마나 (정도)	enough, a lot, rather, quite 등 I trained **enough** for the game. (나는 그 경기를 위해 **충분히** 훈련했다.)
얼마나 자주 (빈도)	sometimes, often, always 등 Accidents **sometimes** occur here. (여기서 **가끔** 사고가 일어난다.)

One Page View 한 눈에 보는 Key Verbs, Phrases, & Sentences

패턴 1의 모든 내용이 이 한 페이지에 담겨 있습니다.

주어, 동사만으로 의미가 통하는 문장을 만드는 동사들은 아래와 같은 의미들로 분류할 수 있다. 같이 잘 등장하는 부사와 짝꿍 지어 알아두면 목적어 없이 옳은 문장을 만들 수 있는 동사임을 자연스럽게 기억할 수 있다.

1 있다, 사라지다

be on the table	탁자 위에 **있다**	Your cell phone **is** *on the table*.
appear immediately	즉시 **나타나다**	The change will not **appear** *immediately*.
disappear forever	영원히 **사라지다**	He **disappeared** *forever*.
die suddenly	갑자기 **죽다**	The old man **died** *suddenly*.

2 이동하다

arrive here	이곳에 **도착하다**	What time did you **arrive** *here*?
get there	그곳에 **도착하다**	How will you **get** *there*?
come into the room	방 안으로 **들어오다**	A mosquito **came** *into the room*.
come in quietly	조용히 **들어오다**	Please **come in** *quietly*.
go home	집에 **가다**	We should **go** *home*.
live nearby	근처에 **살다**	Peter and his family are **living** *nearby*.
fall on the ground	바닥에 **떨어지다**	The leaves are **falling** *on the ground*.
run quickly	빨리 **달리다**	He is **running** *quickly*.
rise in the east	동쪽에서 **뜨다**	The sun **rises** *in the east*.

3 남아 있다, 멈추다

remain in the air	대기 중에 **남다[남아 있다]**	Some fine dust can **remain** *in the air*.
stay in bed	침대에 **머무르다**	Julia is sick and will **stay** *in bed*.
stop at the station	역에 **멈추다[서다]**	The train will **stop** *at the station*.
stand on the hill	언덕에 **세워져[서] 있다**	Our school **stands** *on the hill*.

4 일어나다(발생)

happen in the future	미래에 **일어나다[발생하다]**	What is going to **happen** *in the future*?
occur frequently	자주 **발생하다[일어나다]**	Earthquakes **occur** *frequently*.

5 동작

stand up carefully	조심스럽게 **일어서다**	John is **standing up** *carefully*.
sit down now	이제 **앉다**	Please **sit down** *now*.
lie(lay-lain-lying) **down** for a while	잠깐 **눕다**	You need to **lie down** *for a while*.
wake up from a nightmare	악몽에서 **깨다**	She **woke up** *from a nightmare*.
get up early	일찍 **일어나다**	My grandfather **gets up** *early*.

6 그 외

lie(lied-lied-lying) **to me**	내게 **거짓말하다**	Don't **lie** *to me*.

Key Verbs 동사의 변화형 다지기

틀리기 쉬운 규칙, 불규칙 변화형부터 살펴봅니다.

빨간색은 주의해야 할 변화형을, 별(*)은 특히 틀리기 쉬운 변화형을 나타낸다.

원형	3인칭 단수 현재형	과거형	과거분사형	현재분사형
be (있다)	is (1, 2인칭은 am, are)	was, were	been	being
die	dies	died	died	*dying
arrive	arrives	arrived	arrived	arriving
get (도착하다)	gets	got	*got / gotten	getting
come (오다)	comes	came	*come	coming
go (가다)	goes	*went	*gone	going
live	lives	lived	lived	living
fall (떨어지다)	falls	fell	*fallen	falling
run (달리다)	runs	ran	*run	running
rise	rises	rose	*risen	rising
stop	stops	stopped	stopped	stopping
occur	occurs	occurred	occurred	occurring
stand (서 있다)	stands	*stood	*stood	standing
sit	sits	sat	sat	sitting
lie (눕다)	lies	*lay	*lain	*lying
lie (거짓말하다)	lies	lied	lied	*lying
wake	wakes	woke	*woken	waking

[1-10] 다음 주어진 동사를 <u>시제와 수</u>에 맞게 적절히 변형하여 문장을 완성하시오.

1 그녀는 파리로 **떠났다**. (go)　　　　　She has _____ to Paris.

2 그 공연자들은 무대 위에 **있었다**. (be)　　The performers _____ on the stage.

3 그 어항 안의 물고기는 **죽어가고** 있었다. (die)　The fish in the fishbowl was _____.

4 나는 방금 교실로 **들어왔다**. (come)　　I have just _____ into the classroom.

5 사과들이 그 나무에서 **떨어져 있다**. (fall)　The apples have _____ from the tree.

6 Ashley는 막 **잠에서 깼다**. (wake)　　Ashley has just _____ up.

7 나는 바닥에 **누웠다**. (lie down)　　　I _____ on the floor.

8 Jane은 퇴근 후 집에 **도착했다**. (get)　　Jane has _____ home after work.

9 그는 누구에게도 **거짓말하고 있지** 않을 것이다. (lie)　He won't be _____ to anyone.

10 손님들이 바깥에 **서 있었다**. (stand)　　Customers _____ outside.

STEP 1

Key Phrases 짧은 구 익히기

짧은 구로 기본기를 잡습니다.

Key Verbs

Key Phrases

Key Sentences

[1-25] 다음 어구에 맞게 빈칸에 들어갈 단어를 쓰시오. (동사의 기본형을 사용할 것)

1	탁자 위에 **있다**	**b**_____ o_____ the t_____
2	즉시 **나타나다**	**a**_____ i_____
3	영원히 **사라지다**	**d**_____ f_____
4	갑자기 **죽다**	**d**_____ s_____
5	이곳에 **도착하다**	**a**_____ h_____
6	그곳에 **도착하다**	**g**_____ t_____
7	방 안으로 **들어오다**	**c**_____ i_____ the r_____
8	조용히 **들어오다**	**c**_____ i_____ q_____
9	집에 **가다**	**g**_____ h_____
10	근처에 **살다**	**l**_____ n_____
11	바닥에 **떨어지다**	**f**_____ o_____ the g_____
12	빨리 **달리다**	**r**_____ q_____
13	동쪽에서 **뜨다**	**r**_____ i_____ the e_____
14	대기 중에 **남아 있다**	**r**_____ i_____ the a_____
15	침대에 **머무르다**	**s**_____ i_____ b_____
16	역에 **멈추다**	**s**_____ a_____ the s_____
17	언덕에 **세워져 있다**	**s**_____ o_____ the h_____
18	미래에 **일어나다**	**h**_____ i_____ the f_____
19	자주 **발생하다**	**o**_____ f_____
20	조심스럽게 **일어서다**	**s**_____ u_____ c_____
21	이제 **앉다**	**s**_____ d_____ n_____
22	잠깐 **눕다**	**l**_____ d_____ f_____ a w_____
23	악몽에서 **깨다**	**w**_____ u_____ f_____ a n_____
24	일찍 **일어나다**	**g**_____ u_____ e_____
25	내게 **거짓말하다**	**l**_____ t_____ m_____

Key Sentences 문장 도전하기

구를 익혔으니 문장 쓰기에 도전할 수 있습니다.

[1-25] 다음 우리말을 주어진 동사를 참고하여 영작하시오.

1 네 핸드폰은 / 탁자 위에 있다. (be)
→

2 변화가 / 즉시 나타나지는 않을 것이다. (appear)
→

3 그는 / 영원히 사라졌다. (disappear)
→

4 그 노인은 / 갑자기 죽었다. (die)
→

5 몇 시에 / 너는 이곳에 도착했니? (arrive)
→

6 어떻게 / 너는 그곳에 도착할 거니? (get)
→

7 모기 한 마리가 / 방 안으로 들어왔다. (come)
→

8 부디 / 조용히 들어오세요. (come in)
→

9 우리는 / 집에 가야 한다. (go)
→

10 Peter와 그의 가족은 / 근처에 살고 있다. (live)
→

11 잎사귀들이 / 바닥으로 떨어지고 있다. (fall)
→

12 그는 / 빨리 달리고 있다. (run)
→

13 태양은 / 동쪽에서 뜬다. (rise)

→

14 약간의 미세 먼지가 / 대기 중에 남아 있을 수 있다. (remain)

→

15 Julia는 아프다 / 그래서 침대에 머무를 것이다. (stay)

→

16 그 기차는 / 그 역에서 멈출 것이다. (stop)

→

17 우리 학교는 / 언덕에 세워져 있다. (stand)

→

18 무슨 일이 / 미래에는 일어날까? (happen)

→

19 지진이 / 자주 발생한다. (occur)

→

20 John이 / 조심스럽게 일어서고 있다. (stand up)

→

21 부디 / 이제 앉아주세요. (sit down)

→

22 너는 / 잠깐 누워 있어야 한다. (lie down)

→

23 그녀는 / 악몽에서 깼다. (wake up)

→

24 우리 할아버지께서는 / 일찍 일어나신다. (get up)

→

25 내게 거짓말하지 마라. (lie)

→

Must-Knows! 문어법 짚어보기

꼭 알아야 할 문어법을 짚고 넘어갑니다.

A 문장구조 파악하기 다음 문장에서 주어와 동사를 찾아 밑줄을 긋고 각각 S, V로 표시하시오.

1 Henry will be here tomorrow morning.

2 Some students remained after school.

3 I arrived at the performance on time.

4 The first snow fell across the country.

5 Bruises can appear soon after injury.

B 문장 오류 찾기 다음 각 문장에서 어법상 <u>틀린</u> 부분을 찾아 바르게 고쳐 쓰시오.

특히, last night이나 this week처럼 명사로 오해할 수 있는 부사들을 잘 알아두도록 하자.
주로 시간이나 거리, 방법이나 방향 등을 뜻하는 표현들이 이에 해당한다.

home 집에, 집으로	tomorrow 내일	five miles 5마일로, 5마일을
this morning 오늘 아침에	yesterday 어제	this way 이 방법[방향]으로
last night 어젯밤에	all week 일주일 내내	that way 저 방법[방향]으로
last year 작년에	every evening 매일 저녁에	a little 약간
next Friday 다음 금요일에	these days 요즘	a lot 많이

1 He went to home last night.

2 Mary got here in yesterday.

3 Would you please come to this way?

4 They stayed at the same hotel on last year.

5 The bus stops at Seoul Station in every evening.

performance 연주(회), 공연   on time 제시간에   bruise 멍, 타박상   injury 부상; 손상

Write More! 응용 문장에 적용하기

새로운 응용 문장에 학습한 내용을 적용해 봅니다.

A 배열 영작 다음 우리말과 일치하도록 괄호 안에 주어진 단어를 순서대로 배열하시오.

1 그 별이 하늘에서 사라졌다. (from the sky / the star / disappeared)

→

2 해수면이 매년 오른다. (rises / every year / the sea level)

→

3 내 친구가 나를 향해 온다. (comes / me / my friend / toward)

→

4 그녀는 한밤중에 깨어났다. (woke up / she / of the night / in the middle)

→

5 Sean은 버스 정류장에 한 시간 일찍 도착했다. (an hour early / Sean / the bus stop / got to)

→

B 조건 영작 다음 우리말과 일치하도록 괄호 안의 단어를 활용하여 문장을 완성하시오. (필요시 어형 변화 및 단어 추가 가능)

1 그 반지는 침대 밑에 있었다. (the bed, be, under)

→ The ring _____.

2 Marcus는 5년 동안 토론토에서 살았다. (live, Toronto, in)

→ Marcus _____ for five years.

3 Peter는 잠을 자기 위해 소파에 누웠다. (the sofa, lie down, on)

→ _____ to sleep.

4 그 환자는 병원에 남았다. (the hospital, in, remain)

→ The patient _____.

5 2011년에 일본에서 거대한 쓰나미가 발생했다. (in, Japan, occur)

→ The huge tsunami _____ in 2011.

PATTERN 2

s+BE+형용사(구)

"지원이는 참 친절해."

"이 책들은 너무 쉬워요."

이처럼 주어(지원이, 이 책들)에 대해 이렇다, 저렇다 말하는 문장들이 있다.

주어의 성격이나 성질, 특성, 상태 등을 설명하는 것이다.

이를 영어로 표현하는 대표적인 동사로는 be동사가 있고,

주어를 설명하는 말로는 형용사가 온다.

이때, 형용사를 주어를 보충 설명해준다는 뜻의 '주격 보어'라고 한다.

> Jiwon **is** so *kind*.
> └──────────┘ 형용사(주격 보어)
>
> These books **are** too *easy*.
> └──────────┘ 형용사(주격 보어)

주어는 명사이고 명사를 설명해주는 수식어는 형용사이므로

be동사 뒤에서 주어를 설명해주는 것도 역시

형용사인 것으로 생각하면 쉽다. (부사 X)

> **kind** Jiwon (○)   **kindly** Jiwon (×)
>
> **easy** books (○)   **easily** books (×)

이 패턴에서는 be동사와 더불어 이런 식으로 쓰이는 동사들을 한데 묶어 알아본다.

약간의 의미 차이는 있지만 주어를 설명해준다는 점은 같으므로,

be동사로 바꿔 써도 의미가 통한다.

> Junsu **looks** so *happy*.
>
> (≒ Junsu is so happy.)

One Page View 한 눈에 보는 Key Verbs, Phrases, & Sentences

동사들을 의미적으로 크게 묶어 이해하는 것이 좋다.
먼저, 크게 둘로 나누면, 1 '~이다, ~인 것 같다'를 표현하는 것과 2 '상태 변화와 계속'에 대한 것이 있다.

1 ~이다, ~인 것 같다(확신)

❶ be 동사류: ((확신이 있음)) ~이다, (어떤 상황·상태에) 있다

be brave and strong	용감하고 강하**다**	The hero **was** *brave and strong*.
stand empty	비어 **있다**	That house **stood** *empty* for a long time.
lie open	열려 **있다**	A suitcase **lay** *open* on the floor.

❷ appear류: ((약한 확신)) ~처럼 보이다, ~인 것 같다

appear afraid	두려워**하는 것 같다**	She didn't **appear** *afraid*.
look difficult	어려워 **보이다**	That book **looks** *difficult*.
seem happy	행복해 **보이다**	You **seem** *happy* now.

❸ 감각동사류: ((약한 확신)) ~한 기분이 들다 등

feel free	자유로운 **기분이 들다**	I was **feeling** *free*.
smell good	좋은 **냄새가 나다**	Dinner **smells** very *good*.
sound strange	이상하게 **들리다**	His voice **sounded** *strange* on the phone.
taste sweet and salty	달고 짠**맛이 나다**	It **tastes** *sweet and salty*.

2 상태 변화와 계속

❶ become류: ((상태의 변화)) ~하게 되다

become popular	인기를 얻게 **되다**	She was **becoming** *popular*.
get ready	준비가 **되다**	She's **getting** *ready*.
grow dark	어두워**지다**	The skies **grew** *dark*.
come true	이루어**지다**, 실현**되다**	Dreams can **come** *true*.
turn brown	갈색이 **되다**	The leaves were **turning** *brown*.
fall asleep	잠들**다**	He **fell** *asleep* on the sofa.
go sour	시큼해**지다**, 상하**다**	This milk **went** *sour*.
run dry	말라 **버리다**	The river **ran** *dry*.

❷ keep류: ((상태의 계속)) ~인 채로 있다[유지하다], 계속[여전히] ~이다

keep warm	따뜻한 **채로 있다**	How can I **keep** *warm*?
remain silent	침묵한 **채로 있다**	He **remained** *silent*.
stay open	열린 **채로 있다**	The store **stays** *open* until 10 p.m.

Key Verbs

Key Phrases

Key Sentences

STEP 0

Key Verbs 동사의 변화형 다지기

틀리기 쉬운 규칙, 불규칙 변화형부터 살펴봅니다.

빨간색은 주의해야 할 변화형을, 별(*)은 특히 틀리기 쉬운 변화형을 나타낸다.

원형	3인칭 단수 현재형	과거형	과거분사형	현재분사형
be (~이다)	is (1, 2인칭은 am, are)	was, were	been	being
stand	stands	*stood	*stood	standing
lie (~이다)	lies	*lay	*lain	*lying
feel	feels	*felt	*felt	feeling
taste	tastes	tasted	tasted	tasting
become	becomes	became	*become	becoming
get (~이 되다)	gets	got	*got / gotten	getting
grow	grows	grew	*grown	growing
come (~이 되다)	comes	came	*come	coming
fall (~이 되다)	falls	fell	*fallen	falling
go (~이 되다)	goes	*went	*gone	going
run (~이 되다)	runs	ran	*run	running
keep	keeps	*kept	*kept	keeping

[1-11] 다음 주어진 동사를 시제와 수에 맞게 적절히 변형하여 빈칸을 완성하시오.

1 나의 부모님은 나에게 화가 **나셨었다.** (be)
My parents _____ angry at me.

2 그 남자는 쉽게 짜증이 나게 **되었다.** (become)
The man _____ easily annoyed.

3 독일어를 배우는 것이 그녀에게 쉬워**졌다.** (come)
Learning German _____ easy to her.

4 눈이 지붕 위에 수북이 **쌓이고 있었다.** (lie)
Snow was _____ thick on the roof.

5 그녀는 완전히 눈이 멀게 **되었다.** (go)
She has _____ completely blind.

6 그 오래된 자전거는 녹슬어 **버렸다.** (get)
The old bike has _____ rusty.

7 그 학생은 방 안에서 침묵을 **유지했다.** (keep)
The student _____ silent in the room.

8 영화표 값이 예전보다 더 비싸져 **있었다.** (stand)
Movie ticket prices _____ higher than before.

9 나는 전에는 이토록 행복한 **기분이 든** 적이 없다. (feel)
I've never _____ so happy before.

10 우물이 모두 마르게 **되었다.** (run)
All the wells have _____ dry.

11 그녀는 그 드레스를 입기에는 너무 커 **버렸다.** (grow)
She has _____ too big for the dress.

STEP 1

Key Phrases 짧은 구 익히기

짧은 구로 기본기를 잡습니다.

Key Verbs | Key Phrases | Key Sentences

[1-21] 다음 어구에 맞게 빈칸에 들어갈 단어를 쓰시오. (동사의 기본형을 사용할 것)

1 용감하고 강하다   b_____ b_____ and s_____

2 비어 **있다**   s_____ e_____

3 열려 **있다**   l_____ o_____

4 두려워**하는 것 같다**   a_____ a_____

5 어려워 **보이다**   l_____ d_____

6 행복해 **보이다**   s_____ h_____

7 자유로운 **기분이 들다**   f_____ f_____

8 좋은 **냄새가 나다**   s_____ g_____

9 이상하게 **들리다**   s_____ s_____

10 달고 짠**맛이 나다**   t_____ s_____ and s_____

11 인기를 얻게 **되다**   b_____ p_____

12 준비가 **되다**   g_____ r_____

13 어두워**지다**   g_____ d_____

14 이루어**지다**, 실현**되다**   c_____ t_____

15 갈색이 **되다**   t_____ b_____

16 잠들다   f_____ a_____

17 상하다, 시큼해**지다**   g_____ s_____

18 말라 **버리다**   r_____ d_____

19 따뜻한 **채로 있다**   k_____ w_____

20 침묵한 **채로 있다**   r_____ s_____

21 열린 **채로 있다**   s_____ o_____

Key Sentences 문장 도전하기

구를 익혔으니 문장 쓰기에 도전할 수 있습니다.

[1-21] 다음 우리말을 주어진 동사를 참고하여 영작하시오.

1 그 영웅은 / 용감하고 강했다. (be)
→

2 저 집은 / 비어 있었다 / 오랫동안. (stand)
→

3 여행 가방이 / 열려 있었다 / 바닥에. (lie)
→

4 그녀는 / 두려워하는 것 같지 않았다. (appear)
→

5 저 책은 / 어려워 보인다. (look)
→

6 너는 / 행복해 보인다 / 지금. (seem)
→

7 나는 / 자유로운 기분을 느끼고 있었다. (feel)
→

8 저녁 식사는 / 아주 좋은 냄새가 난다. (smell)
→

9 그의 목소리는 / 이상하게 들렸다 / 전화상으로. (sound)
→

10 그것은 / 달고 짠맛이 난다. (taste)
→

11 그녀는 / 인기를 얻게 되고 있었다. (become)

→

12 그녀는 / 준비가 되는 중이다. (get)

→

13 하늘이 / 어두워졌다. (grow)

→

14 꿈은 / 이루어질 수 있다. (come)

→

15 나뭇잎들이 / 갈색이 되고 있었다. (turn)

→

16 그는 / 잠들었다 / 소파에서. (fall)

→

17 이 우유는 / 시큼해졌다[상했다]. (go)

→

18 그 강은 / 말라 버렸다. (run)

→

19 어떻게 / 내가 따뜻하게 유지할 수 있나요? (keep)

→

20 그는 / 침묵한 채로 있었다. (remain)

→

21 그 가게는 / 열린 채로 있다 / 밤 10시까지. (stay)

→

Must-Knows! 문어법 짚어보기

꼭 알아야 할 문어법을 짚고 넘어갑니다.

특히, -ly로 끝나는 형용사를 부사로 착각하지 않도록 주의해야 한다.

The meeting schedule is **weekly**.	시간+-ly (*e.g.* daily 매일의, weekly 매주의, monthly 매달의, yearly 매년의) *위 형용사들은 주로 명사 앞에서 명사를 수식한다.
Everyone was very **friendly** towards me.	명사+-ly (*e.g.* friendly 친절한, lovely 사랑스러운, elderly 나이든, costly 값비싼, timely 시기적절한, orderly 질서 있는)
She lives alone and often feels **lonely**.	기타 -ly로 끝나는 형용사 (*e.g.* lonely 외로운, lively 활기찬, deadly 치명적인, likely 일어날 듯한)

A 맞는 어법 고르기 다음 각 네모 안에서 어법에 맞는 것을 고르시오.

1 After the forest fire, the heavy rain was time / timely .

2 The bag on the top shelf seems costly / cost .

3 My homeroom teacher has always stayed friend / friendly .

B 문장구조 파악하기 다음 문장에서 주어, 동사, 주격 보어(형용사)를 찾아 밑줄을 긋고 각각 S, V, C로 표시하시오.

1 The campers kept warm around the fire.

2 All the players got ready for the game.

3 Our dreams will come true someday.

4 The injury looked deadly at the time.

C 의미 파악하기 다음 밑줄 친 부분의 의미로 알맞은 것을 〈보기〉에서 골라 그 번호를 쓰시오.

〈보기〉 ① 사랑스럽게 자란다	② 외로워 보인다
③ 계속 활기차 있다	④ 질서 있게 유지한다

1 His daughter grows lovely.

2 The students keep orderly in the line.

3 The girl in the corner looks lonely.

4 The children on the playground remain lively.

shelf 선반   homeroom teacher 담임 선생님   camper 야영[캠핑]객   someday 언젠가   playground 운동장

Write More! 응용 문장에 적용하기

새로운 응용 문장에 학습한 내용을 적용해 봅니다.

A [배열 영작] 다음 우리말과 일치하도록 괄호 안에 주어진 단어를 순서대로 배열하시오.

1 이 케이크는 매우 맛있다. (so / is / this cake / delicious)
→

2 저 개구리는 독이 있는 것 같다. (poisonous / appears / that frog)
→

3 우리는 등산 후에 배고픈 기분이 들었다. (hungry / we / after climbing / felt)
→

4 그 사과들은 아주 금방 상했다. (very quickly / bad / the apples / went)
→

5 그녀의 얼굴이 부끄러움으로 빨개졌다. (red / went / with embarrassment / her face)
→

B [조건 영작] 다음 우리말과 일치하도록 괄호 안의 단어를 활용하여 문장을 완성하시오. (필요시 어형 변화 및 단어 추가 가능)

1 커피는 내게 쓴맛이 난다. (bitter, taste, coffee)
→ _____ to me.

2 그들은 졸업 후에도 계속 친하게 지냈다. (friendly, keep)
→ _____ after graduation.

3 나는 그날 밤에 슬프고 외롭다고 느꼈다. (sad, that night, lonely, feel)
→ I _____ .

4 인터뷰를 하는 동안, 그는 불안해 보였다. (anxious, look)
→ During the interview, _____ .

5 심지어 가을에도 날씨는 여전히 더웠다. (hot, remain, the weather)
→ _____ even in fall.

s+BE+형용사구/명사(구)

앞 패턴에서 살펴본 형용사 외에도
주어를 보충 설명할 수 있는 것들이 또 있다. (주격 보어)

하나는, 「전치사+명사(이하 전명구)」의 형태로서
주로 주어의 상태를 나타내는 '형용사구'이다.

Jiwon was **in bad condition**.
　주어　　　　　　　주어의 상태
지원이는 컨디션이 나쁜 상태였다.

또 다른 하나는, '명사(구)'로서
주로 주어의 직업, 신분을 나타낸다.
예를 들어 "지원이는 힙합 가수이다." 등과 같이
'A는 B이다(A=B).'를 의미한다.

Jiwon is **a hip hop singer**.
　주어　　　　주어의 직업
지원이는 힙합 가수이다.

위의 두 경우 다 마찬가지로, 대표적인 동사로는 be동사가 있다.

One Page View 한 눈에 보는 Key Verbs, Phrases, & Sentences

1 V+전명구

be in poor health	나쁜 건강 **상태에 있다**	She **is** *in poor health*.
stand in respect	존경을 받고 **있다**	The professor **stands** *in respect*.
lie in ruins	폐허 **상태에 있다**	The old building **lay** *in ruins*.
appear in her thirties	30대**처럼 보이다**	She **appears** *in her thirties*.
look under eight years old	여덟 살 아래**로 보이다**	The child **looked** *under eight years old*.
seem in a good mood	기분이 좋아 **보이다**	My father **seems** *in a good mood*.

2 감각동사류+like+명사(구)

feel like silk	실크처럼 **느껴지다**	This scarf **feels** *like silk*.
look like a beautiful model	아름다운 모델처럼 **보이다**	She **looks** *like a beautiful model*.
smell like roses	장미 같은 **냄새가 나다**	That perfume **smells** *like roses*.
sound like a good one	좋은 것처럼 **들리다**	Your idea **sounds** *like a good one*.
taste like mango	망고 같은 **맛이 나다**	This juice **tastes** *like mango*.

3 A=B(명사구)

be the key	비결**이다**	Honesty **is** *the key* to a successful business.
become a doctor	의사가 **되다**	He **became** *a doctor* after graduation.
become a major problem	중대한 문제가 **되다**	Fine dust **became** *a major problem*.
make a good nurse	훌륭한 간호사가 **되다**	She will **make** *a good nurse* one day.
make a good shelf	좋은 선반이 **되다**	This piece of wood will **make** *a good shelf*.
remain a good memory	좋은 기억**으로 남다**	This will **remain** *a good memory* to me.
remain a popular sport	**여전히** 인기 있는 스포츠**이다**	Soccer **remains** *a popular sport*.
appear a normal person	평범한 사람**처럼 보이다**	He **appears** *a normal person*.
seem a young couple	젊은 부부**처럼 보이다**	They **seemed** *a young couple*.

Key Verbs 동사의 변화형 다지기

틀리기 쉬운 규칙, 불규칙 변화형부터 살펴봅니다.

빨간색은 주의해야 할 변화형을, 별(*)은 특히 틀리기 쉬운 변화형을 나타낸다.

원형	3인칭 단수 현재형	과거형	과거분사형	현재분사형
be	is (1, 2인칭은 am, are)	was, were	been	being
stand	stands	*stood	*stood	standing
lie	lies	*lay	*lain	*lying
feel	feels	*felt	*felt	feeling
taste	tastes	tasted	tasted	tasting
become	becomes	became	*become	becoming
make	makes	made	made	making

[1-10] 다음 주어진 동사를 <u>시제와 수</u>에 맞게 적절히 변형하여 문장을 완성하시오.

1   그 나라의 경제는 엉망이 된 **상태였다.** (lie)

The country's economy _____ in ruins.

2   그 소년은 열 살의 나이에 왕이 **되었다.** (become)

The boy _____ king at the age of 10.

3   지난 휴가가 꿈**처럼 느껴졌다.** (feel)

My last holiday _____ like a dream.

4   인구 고령화는 오늘날 주요한 문제**이다.** (be)

The aging population _____ a major problem today.

5   그 은퇴한 선수는 수년간 챔피언**이었다.** (be)

The retired player had _____ a champion for several years.

6   Tony는 요즘 많은 곤경에 처한 **상태였다.** (be)

Tony has _____ in a lot of trouble these days.

7   나는 원자력 발전소에 반대하는 **상태였다.** (stand)

I _____ against nuclear power plants.

8   내 삼촌은 예전에 선생님**이셨다.** (be)

My uncle _____ a teacher before.

9   인구 감소는 사회적 문제가 **되었다.** (become)

A decrease in population has _____ a social issue.

10   그 죄수는 10년 동안 감옥에 갇혀 **있어 왔다.** (lie)

The prisoner has been _____ in prison for ten years.

Key Verbs

Key Phrases

Key Sentences

STEP 1

Key Phrases 짧은 구 익히기

짧은 구로 기본기를 잡습니다.

[1-20] 다음 어구에 맞게 빈칸에 들어갈 단어를 쓰시오. (동사의 기본형을 사용할 것)

1 나쁜 건강 **상태에 있다**　　　　b_____ i_____ p_____ h_____

2 존경을 받고 **있다**　　　　　　s_____ i_____ r_____

3 폐허 **상태에 있다**　　　　　　l_____ i_____ r_____

4 30대**처럼 보이다**　　　　　　a_____ i_____ h_____ t_____

5 여덟 살 아래**로 보이다**　　　　l_____ u_____ e_____ y_____ o_____

6 기분이 좋아 **보이다**　　　　　s_____ i_____ a g_____ m_____

7 실크처럼 **느껴지다**　　　　　f_____ l_____ s_____

8 아름다운 모델처럼 **보이다**　　l_____ l_____ a b_____ m_____

9 장미 같은 **냄새가 나다**　　　　s_____ l_____ r_____

10 좋은 것처럼 **들리다**　　　　　s_____ l_____ a g_____ o_____

11 망고 같은 **맛이 나다**　　　　t_____ l_____ m_____

12 비결**이다**　　　　　　　　　b_____ the k_____

13 의사**가 되다**　　　　　　　b_____ a d_____

14 중대한 문제**가 되다**　　　　b_____ a m_____ p_____

15 훌륭한 간호사**가 되다**　　　m_____ a g_____ n_____

16 좋은 선반**이 되다**　　　　　m_____ a g_____ s_____

17 좋은 기억**으로 남다**　　　　r_____ a g_____ m_____

18 **여전히** 인기 있는 스포츠**이다**　r_____ a p_____ s_____

19 평범한 사람**처럼 보이다**　　　a_____ a n_____ p_____

20 젊은 부부**처럼 보이다**　　　　s_____ a y_____ c_____

Key Sentences 문장 도전하기

구를 익혔으니 문장 쓰기에 도전할 수 있습니다.

[1-20] 다음 우리말을 주어진 동사를 참고하여 영작하시오.

1 그녀는 / 나쁜 건강 상태에 있다. (be)
   →

2 그 교수는 / 존경을 받고 있다. (stand)
   →

3 그 오래된 건물은 / 폐허 상태에 있었다. (lie)
   →

4 그녀는 / 30대처럼 보인다. (appear)
   →

5 그 아이는 / 약 여덟 살로 보였다. (look)
   →

6 나의 아버지는 / 기분이 좋아 보이신다. (seem)
   →

7 이 스카프는 / 실크처럼 느껴진다. (feel)
   →

8 그녀는 / 아름다운 모델처럼 보인다. (look)
   →

9 저 향수는 / 장미 같은 냄새가 난다. (smell)
   →

10 네 생각은 / 좋은 것(생각)처럼 들린다. (sound)
   →

Key Verbs

Key Phrases

Key Sentences

11 이 주스는 / 망고 같은 맛이 난다. (taste)

→

12 정직이 / 비결이다 / 성공적인 사업의. (be)

→

13 그는 / 의사가 되었다 / 졸업 후에. (become)

→

14 미세 먼지는 / 중대한 문제가 되었다. (become)

→

15 그녀는 / 훌륭한 간호사가 될 것이다 / 언젠가. (make)

→

16 이 나무토막은 / 좋은 선반이 될 것이다. (make)

→

17 이것은 / 좋은 기억으로 남을 것이다 / 내게. (remain)

→

18 축구는 / 여전히 인기 있는 스포츠이다. (remain)

→

19 그는 / 평범한 사람처럼 보인다. (appear)

→

20 그들은 / 젊은 부부처럼 보였다. (seem)

→

Must-Knows! 문어법 짚어보기

A 〔문장구조 파악하기〕 다음 문장에서 주어, 동사, 주격 보어(형용사구, 명사구)를 찾아 밑줄을 긋고 각각 S, V, C로 표시 하시오.

1 The book is unlike any other.

2 The negotiation appears in process.

3 The patient in the bed looks in pain.

4 This room will make a wonderful place.

5 Happiness is the most important thing to me.

B 〔문장 오류 찾기〕 다음 우리말에 맞도록 각 문장에서 어법상 **틀린** 부분을 찾아 밑줄을 긋고 바르게 고쳐 쓰시오.

감각동사 look, smell, taste, sound, feel 등은 형용사 외에 「like(전치사)+명사」 형태의 보어도 올 수 있다. 이 경우, like 없이 명사를 바로 쓰면 틀린 문장이 되거나 의미가 달라질 수 있다.

She **looks** an angel. (×)
→ She **looks like** an angel.
　그녀는 천사**처럼 보인다.**
→ She **looks at** an angel.
　그녀는 천사**를 본다.**

They **smell** flowers.
그들은 꽃 **냄새를 맡고 있다.**
→ They **smell like** flowers.
　그것들은 꽃 **같은 냄새가 난다.**

---

1 그 보디로션은 자몽 같은 냄새가 난다.
The body lotion smells grapefruit.

2 이 딸기는 시고 레몬과 같은 맛이 난다.
This strawberry is sour and tastes a lemon.

3 그녀는 유명한 여배우처럼 보인다.
She looks at a famous actress.

4 몇몇 사람들은 겨울에 춥다고 느끼지 않는다.
Some people don't feel like cold in winter.

---

unlike ~와 달리; ~와 다른　negotiation 협상, 교섭　process 진행 (상태); 과정　patient 환자　in pain 고통스러운, 아픈

Write More! 응용 문장에 적용하기

새로운 응용 문장에 학습한 내용을 적용해 봅니다.

A 　배열 영작　다음 우리말과 일치하도록 괄호 안에 주어진 단어를 순서대로 배열하시오.

1 심장병은 죽음의 원인이 되었다. (of death / became / heart disease / a cause)
　→

2 Lisa는 멋진 조종사가 될 것이다. (make / will / Lisa / a good pilot)
　→

3 그 회사의 사장은 빚이 있다. (is / the CEO / in debt / of the company)
　→

4 Robert는 여전히 세계적인 야구 선수로 남아 있다.
　(baseball player / remains / Robert / a world-class)
　→

5 저것은 오래된 커튼으로 보인다. (appears / the old curtain / that)
　→

B 　조건 영작　다음 우리말과 일치하도록 괄호 안의 단어를 활용하여 문장을 완성하시오. (필요시 어형 변화 및 단어 추가 가능)

1 이 수프는 토마토 같은 맛이 난다. (tomatoes, taste)
　→ This soup _____.

2 그는 대학에서 교수가 되었다. (a professor, become)
　→ _____ at the university.

3 그 사건은 여전히 수수께끼로 남아 있다. (a mystery, remain)
　→ The case _____.

4 이 테이프는 고양이 울음소리처럼 들린다. (sound, a cat's crying)
　→ This tape _____.

5 그 경비원은 근무가 끝난 것처럼 보인다. (off duty, seem)
　→ The security guard _____.

OVERALL TEST 1

A 다음 각 네모 안에서 어법과 문맥상 맞는 것을 고르시오.

1 Mrs. Miller appears very angry / angrily .

2 The man in front of me stopped sudden / suddenly .

3 I got up late / lately this morning.

4 Time goes very rapid / rapidly .

5 Surprising events occurred late / lately .

6 The computer virus seemed dangerous / dangerously .

7 Please remain silent / silently in the subway.

8 Tom lied / laid to me several times.

9 My brother always sounds confident / confidently .

10 The church has lain / lied empty since 1990.

B 다음 밑줄 친 동사의 뜻을 〈보기〉에서 골라 그 번호를 쓰시오.

〈보기〉 ① 있다	② ~이다. (어떤 상황·상태에) 있다

1 There <u>are</u> a lot of socks under the bed.

2 This cloth <u>is</u> soft and smooth.

〈보기〉 ① 가다	② ~이 되다, ~(해)지다

3 My thumb slowly <u>went</u> black and blue.

4 The rabbit <u>went</u> to its hole.

〈보기〉 ① 나타나다	② ~인 것 같다, ~처럼 보이다

5 My computer chair <u>appears</u> broken.

6 My favorite singer <u>appeared</u> in my dream last night.

〈보기〉 ① 남다[남아 있다]	② 계속[여전히] ~이다

7 Dirt <u>remained</u> on the boy's hands.

8 Her cat <u>remained</u> asleep all day.

C 다음 각 문장의 밑줄 친 부분이 어법상 옳으면 ○, 틀리면 ×로 표시하고 바르게 고쳐 쓰시오.

1 I grew <u>sad</u> at the thought of my sister.

2 Eva stood <u>wake</u> at night.

3 What time did Jim get up <u>on this morning</u>?

4 The smell of her perfume remains <u>in the air</u>.

5 I'm going to stay <u>London</u> for two weeks.

6 This shampoo <u>smells</u> watermelon.

7 The train <u>stopped</u> because of the heavy rain.

8 Jake felt <u>strange</u> to be back in his hometown.

D 다음 우리말과 일치하도록 괄호 안의 단어를 활용하여 문장을 완성하시오. (필요시 어형 변화 및 단어 추가 가능)

1 오늘 학교에서 무슨 일이 일어났니? (at school, happen)

→ What _____ today?

2 독버섯은 보통 화려해 보인다. (colorful, look)

→ Poisonous mushrooms usually _____ .

3 하룻밤 사이에 장미가 커졌다. (large, the roses, grow)

→ _____ overnight.

4 그 나라의 여왕은 현명하고 아름다웠다. (beautiful, wise, be)

→ The queen of the country _____ .

5 그 남자의 이름은 여전히 비밀로 남아 있다. (a secret, remain)

→ The name of the man _____ .

6 그 개는 주인 옆에 조용히 서 있었다. (quietly, stood)

→ _____ next to its owner.

7 그 아이스크림은 민트 초콜릿과 같은 맛이 난다. (mint chocolate, taste)

→ The ice cream _____ .

8 그 계획은 처음에는 불가능해 보였다. (impossible, seem, the plan)

→ _____ at first.

I've got your back.
내가 있잖아.

A: I'm so nervous about the presentation this week. I don't know what to do.
나 이번 주에 발표하는 것 때문에 너무 긴장돼. 뭘 해야 할지 모르겠어.

B: Don't worry about it. I've got your back.
격정하지 마. _____.

많은 사람이 발표하는 것을 두려워하죠.
한 친구가 발표를 앞두고 긴장하고 있네요.
그러자 옆에 친구가 한마디 합니다.

친구야 걱정하지 마. I've got your back.

back은 등이라는 뜻인데, 내가 너의 등을 가졌다??
누가 내 등 뒤를 지켜준다고 상상해 봅시다.
자, 보호받고 있다는 느낌이 드시나요?
I've got your back.은 '내가 있잖아. 난 네 편이야.'라는 뜻이랍니다.

걱정하고 있는 소중한 사람에게 위로해주는 말을 하고 싶다면
이렇게 말해 보는 게 어떨까요?

Don't worry! I've got your back.

PART

2

s+V+명사(구)

패턴 1에서 잠깐 살펴본 것처럼
대부분의 영어 문장은 주어, 동사, 목적어(명사)로 구성된다.

> I *made* **a little snowman**.
> 나는 조그만 **눈사람**을 만들었다.
>
> He *kicked* **the ball** into the air.
> 그는 공중으로 **공**을 쳤다.

즉, s+V 문장의 동사들처럼

주어 <u>스스로</u> 동작하고 마는 것(**자**동사: walk, sleep 등)도 있지만,

대부분의 동사들은 그 동작이

주어가 아닌 <u>다른</u> 어떤 사물이나 사람(즉, 목적어)을

대상으로 하는 것(**타**동사: make, kick 등)이다.

이렇듯, 자·타동사의 기본적인 개념은 그리 어렵지 않지만
막상 이를 문장에 적용하는 것이 어려운 것은 아래와 같은 이유 때문이다.

1. 타동사지만 목적어가 '~을[를]'로 해석되지 않는다.

   We **discussed** the topic. 우리는 그 주제**에 대해 토론했다.**

2. 자동사라서 전치사를 사용해야 타동사처럼 쓰일 수 있다. (☞ PATTERN 5)

   I **looked at** her. 나는 그녀**를 보았다.**

3. 똑같은 의미인데 하나는 자동사, 다른 하나는 타동사이다.

   He **arrived in** Seoul at 7 p.m. 그는 오후 7시에 서울**에 도착했다.**

   He **reached** Seoul at 7 p.m.

결국 동사가 자동사인지 타동사인지는 동사의 '의미'로 판단할 수 없고
개별적으로 익혀야 하는 문법적인 것이다.

Learn More

타동사는 주어가 아닌 다른 어떤 사물 · 사람에 동작을 하는 것이므로 기본적으로 주어와
목적어가 일치하지 않는다.

I made **a little snowman**.
└──── ≠ ────┘

그러나, 주어 스스로에게 하는 동작일 때는 -self, -selves(재귀대명사)를 목적어로 사용한다.

Did you see **yourself** in the mirror this morning?
└──── = ────┘

One Page View 한 눈에 보는 Key Verbs, Phrases, & Sentences

패턴 4의 모든 내용이 이 한 페이지에 담겨 있습니다.

「S+V+명사(목적어)」 문형의 동사들은 목적어(대개 '을, 를'로 해석)가 뒤에 나올 것으로 기대되는 의미를 담고 있고 일일이 열거할 수 없을 정도로 수많은 동사들이 이에 해당한다.

drink milk	우유를 마시다	I **drink** *a glass of milk* every morning.
choose the color	색깔을 선택하다	You can **choose** *the color*.
need more time	더 많은 시간을 필요로 하다	Do you **need** *more time*?
visit my grandparents	조부모님을 방문하다	I will **visit** *my grandparents* this weekend.
praise the team	그 팀을 칭찬하다	The coach **praised** *the team*.

시험에 중요한 동사들은 자연스런 우리말로 해석할 때 **목적어가 '을, 를'로 해석되지 않는 것들**이다. 이들은 동사 뒤에 바로 목적어를 쓰지 못하는 것으로 착각하기 쉬우므로 특히 주의해서 알아둬야 한다. 역시 같이 잘 등장하는 목적어 짝꿍들과 함께 숙어처럼 외워두자.

accompany my friend	내 친구와 동행하다	I **accompanied** *my friend* to the hospital.
access the Internet	인터넷에 접속[접근]하다	We can now **access** *the Internet*.
address the audience	청중에게 연설하다	He **addressed** *the audience* at the seminar.
answer the questions	질문들에 대답하다	He **answered** *the questions* correctly.
approach the town	마을에 다가오다	Dawn is **approaching** *the town*.
attend the meeting	회의에 참석하다	The CEO couldn't **attend** *the meeting*.
become you	네게 어울리다	Your new hair style really **becomes** *you*.
call the police	경찰에게 전화하다	The man **called** *the police*.
consider my suggestion	내 제안에 대해 고려하다	Lily **considered** *my suggestion*.
contact you	네게 연락하다	I'll **contact** *you* after class.
discuss the topic	주제에 대해 토론하다	The students **discussed** *the topic*.
enter the bathroom	화장실에 들어가다	Mom **entered** *the bathroom*.
explain the problem	문제에 대해 설명하다	The manager **explained** *the problem* to the staff.
influence learning	학습에 영향을 미치다	Smart phones **influence** *learning*.
leave the office	사무실에서 떠나다	Some employees **leave** *the office* early.
marry him	그와 결혼하다	She will **marry** *him* in the future.
mention it	그것에 대해 언급하다	My father never **mentioned** *it*.
obey the command	명령에 복종하다	Soldiers should **obey** *the command*.
oppose the plan	계획에 반대하다	They **opposed** *the plan* for the vacation.
reach the top	정상에 도달하다	We finally **reached** *the top* of the mountain.
resemble her mother	그녀의 엄마와 닮다	Laura **resembles** *her mother* very much.
survive the accident	사고에서 살아남다	The neighbor **survived** *the accident*.
suit her	그녀에게 어울리다	A red dress **suits** *her*.

Key Verbs 동사의 변화형 다지기

틀리기 쉬운 규칙, 불규칙 변화형부터 살펴봅니다.

Key Verbs
Key Phrases
Key Sentences

빨간색은 주의해야 할 변화형을, 별(*)은 특히 틀리기 쉬운 변화형을 나타낸다.

원형	3인칭 단수 현재형	과거형	과거분사형	현재분사형
drink	drinks	drank	drunk	drinking
choose	chooses	chose	chosen	choosing
praise	praises	praised	praised	praising
accompany	accompanies	accompanied	accompanied	accompanying
become	becomes	became	*become	becoming
influence	influences	influenced	influenced	influencing
leave	leaves	*left	*left	leaving
marry	marries	married	married	marrying
oppose	opposes	opposed	opposed	opposing
resemble	resembles	resembled	resembled	resembling
survive	survives	survived	survived	surviving

[1-10] 다음 주어진 동사를 시제와 수에 맞게 적절히 변형하여 빈칸을 완성하시오.

1 John은 3년 전에 Lucy와 결혼했다. (marry) John _____ Lucy three years ago.

2 나는 부모님께 드릴 선물 하나를 선택했다. (choose) I _____ a gift for my parents.

3 우리는 금요일에 이집트에서 떠났다. (leave) We _____ Egypt on Friday.

4 나는 오늘 세 잔의 커피를 마셨다. (drink) I have _____ three cups of coffee today.

5 그 개는 해변까지 주인과 동행했다. (accompany) The dog _____ his owner to the beach.

6 Sally는 남자 친구의 요리를 칭찬하고 있다. (praise) Sally is _____ her boyfriend's cooking.

7 날씨가 우리의 소풍 계획에 영향을 주고 있다. (influence) The weather is _____ our plans for the picnic.

8 대부분의 학생이 그 프로젝트에 반대하고 있었다. (oppose) Most students were _____ the project.

9 그는 밖에서 뛰고 난 후에 많은 물을 마셨다. (drink) He _____ lots of water after running outside.

10 그녀의 진주 귀걸이가 그녀에게 어울렸다. (become) Her pearl earrings _____ her.

STEP 1

Key Phrases 짧은 구 익히기

짧은 구로 기본기를 잡습니다.

[1-28] 다음 어구에 맞게 빈칸에 들어갈 단어를 쓰시오. (동사의 기본형을 사용할 것)

1	우유를 마시다	d_____ m_____
2	색깔을 선택하다	c_____ the c_____
3	더 많은 시간을 필요로 하다	n_____ m_____ t_____
4	조부모님을 방문하다	v_____ m_____ g_____
5	그 팀을 칭찬하다	p_____ the t_____
6	내 친구와 동행하다	a_____ m_____ f_____
7	인터넷에 접속하다	a_____ the I_____
8	청중에게 연설하다	a_____ the a_____
9	질문들에 대답하다	a_____ the q_____
10	마을에 다가오다	a_____ the t_____
11	회의에 참석하다	a_____ the m_____
12	네게 어울리다	b_____ y_____
13	경찰에게 전화하다	c_____ the p_____
14	내 제안에 대해 고려하다	c_____ m_____ s_____
15	네게 연락하다	c_____ y_____
16	주제에 대해 토론하다	d_____ the t_____
17	화장실에 들어가다	e_____ the b_____
18	문제에 대해 설명하다	e_____ the p_____
19	학습에 영향을 미치다	i_____ l_____
20	사무실에서 떠나다	l_____ the o_____
21	그와 결혼하다	m_____ h_____
22	그것에 대해 언급하다	m_____ i_____
23	명령에 복종하다	o_____ the c_____
24	계획에 반대하다	o_____ the p_____
25	정상에 도달하다	r_____ the t_____
26	그녀의 엄마와 닮다	r_____ h_____ m_____
27	사고에서 살아남다	s_____ the a_____
28	그녀에게 어울리다	s_____ h_____

STEP 2

Key Sentences 문장 도전하기

구를 익혔으니 문장 쓰기에 도전할 수 있습니다.

[1-28] 다음 우리말을 주어진 동사를 참고하여 영작하시오.

1 나는 / 우유 한 잔을 마신다 / 매일 아침. (drink)

→

2 너는 / 색깔을 선택할 수 있다. (choose)

→

3 너는 ~하니 / 더 많은 시간을 필요로? (need)

→

4 나는 / 조부모님을 방문할 것이다 / 이번 주말에. (visit)

→

5 그 코치는 / 그 팀을 칭찬했다. (praise)

→

6 나는 / 내 친구와 동행했다 / 병원까지. (accompany)

→

7 우리는 / 이제 ~할 수 있다 / 인터넷에 접속할. (access)

→

8 그는 / 청중에게 연설했다 / 세미나에서. (address)

→

9 그는 / 질문들에 대답했다 / 정확히. (answer)

→

10 새벽이 / 그 마을에 다가오고 있다. (approach)

→

11 그 CEO는 / 그 회의에 참석할 수 없었다. (attend)

→

12 너의 새 헤어스타일은 / 정말 네게 어울린다. (become)

→

13 그 남자는 / 경찰에게 전화했다. (call)

→

14 Lily는 / 내 제안에 대해 고려했다. (consider)

→

15 나는 / 네게 연락할 것이다 / 방과 후에. (contact)

→

16 그 학생들은 / 그 주제에 대해 토론했다. (discuss)

→

17 엄마가 / 화장실에 들어가셨다. (enter)

→

18 매니저는 / 그 문제에 대해 설명했다 / 직원들에게. (explain)

→

19 스마트폰은 / 학습에 영향을 미친다. (influence)

→

20 일부 직원들은 / 사무실에서 떠난다 / 일찍. (leave)

→

21 그녀는 / 그와 결혼할 것이다 / 미래에. (marry)

→

22 우리 아버지는 / 절대 그것에 대해 언급하지 않으셨다. (mention)

→

23 병사들은 / 그 명령에 복종해야 한다. (obey)

→

24 그들은 / 그 계획에 반대했다 / 휴가에 대한. (oppose)

→

25 우리는 / 마침내 도달했다 / 산 정상에. (reach)

→

26 Laura는 / 그녀의 엄마와 닮았다 / 아주 많이. (resemble)

→

27 그 이웃은 / 그 사고에서 살아남았다. (survive)

→

28 빨간 드레스가 / 그녀에게 어울린다. (suit)

→

Must-Knows! 문어법 짚어보기

A 문장구조 파악하기 다음 굵은 글씨로 된 동사의 뜻을 〈보기〉에서 골라 그 번호를 쓰고, 주어, 동사, 목적어를 찾아 각각 S, V, O로 표시하시오.

> 〈보기〉 ① ~에 대해 언급하다 ② ~에 도달하다
> ③ ~에 다니다[참석하다] ④ ~를 방문하다

1 You should **visit** the dentist more often.

2 My cousins **attend** the same school as me.

3 My boyfriend **mentioned** me to his parents.

4 My students finally **reached** their goals.

B 빈칸 채우기 다음 빈칸에 전치사가 필요할 경우 알맞은 전치사를 쓰고 그렇지 않으면 ✕표 하시오.

다음과 같은 동사들은 비슷한 의미를 가지고 있지만 동사의 성격이 다른 경우이니 꼭 기억하자.

answer = reply[respond] to	enter = go into
attend = participate in	leave = depart from
suit[become] = go well with	mention = speak[talk] about, refer to
consider = think about	oppose = object to
discuss = talk (about/over)	reach = arrive at, get to
resemble = look like	

1 그는 내 어떤 편지에도 절대 답장하지 않았다.

He never replied _____ any of my letters.

2 수천 명의 사람들이 개막식에 참석했다.

Thousands of people participated _____ the opening ceremony.

3 나는 제시간에 교실에 들어왔다.

I entered _____ the classroom on time.

4 저 보라색 꽃들은 내 드레스와 잘 어울릴 것이다.

Those purple flowers will go well _____ my dress.

5 그 버스는 5분 후에 터미널에서 떠난다.

The bus leaves _____ the terminal in five minutes.

---

dentist 치과 (의사) cousin 사촌 goal 목표, 목적

Write More! 응용 문장에 적용하기

새로운 응용 문장에 학습한 내용을 적용해 봅니다.

A 　배열 영작　다음 우리말과 일치하도록 괄호 안에 주어진 단어를 순서대로 배열하시오.

1 그 프로젝트는 최종 단계로 들어갔다. (entered / the final stage / the project)
→

2 Bill은 내년에 Kenya를 방문할 것이다. (Kenya / will visit / Bill / next year)
→

3 저 작은 개는 쥐와 닮았다. (that small dog / a rat / resembles)
→

4 어떤 것도 그 실험의 결과에 영향을 주지 않았다.
(the experiment / the results / of / influenced / nothing)
→

5 이 풍선들은 네 파티의 테마와 어울린다. (your party / suit / these balloons / of / the theme)
→

B 　조건 영작　다음 우리말과 일치하도록 괄호 안의 단어를 활용하여 문장을 완성하시오. (필요시 어형 변화 및 단어 추가 가능)

1 신문에서 그 아이들의 용감함을 칭찬했다. (bravery, the children's, praise)
→ The newspaper _____ .

2 신분증이 없이는 이 방에 아무도 접근할 수 없다. (this room, nobody, access)
→ _____ without ID.

3 학생들은 반드시 그 교칙들에 따라야 한다. (the school rules, obey, must)
→ Students _____ .

4 많은 사람들이 그 도로 건설에 반대했다. (oppose, the road construction)
→ Many people _____ .

5 당신은 언제든 고객 서비스 센터에 연락할 수 있습니다. (the customer service center, contact)
→ _____ anytime.

s+V+전치사+명사(구)

패턴 4에서 잠시 언급한 것처럼,
자동사는 동사 뒤에 바로 목적어를 가지지 못하고
동사와 목적어 사이에 전치사를 반드시 써야 한다.

우리말을 빌어 알기 쉽게 설명하자면,
타동사는 목적어 뒤의 '~을[를]' 등에 해당하는 조사가
동사의 의미 안에 포함되어 있지만 자동사는 그렇지 않아서
마치 이 '조사'와도 같은 역할을 할 각종 전치사가 필요한 것으로
생각해도 좋다.

> 나는(I) 그녀(her)+를(at) 바라보았다(looked).
> **I looked at** her.
> 나는(I) 그녀(her)+를 바라보았다(watched).
> **I watched** her.

이러한 동사들 역시, 동사의 우리말 '의미' 때문에 혼란이 생길 수 있다.
위의 look처럼 의미에 '~을[를]'을 붙이는 것이 너무나 자연스러우면
타동사로 착각하여 전치사를 빼먹기 쉽다.

> 성공을 바라다: **hope *for*** success   (hope success: ×)
> 하늘을 쳐다보다: **look up *at*** the sky   (look up the sky: ×)
> 내 제안을 반대하다: **object *to/against*** my proposal   (object my proposal: ×)
> 타임지를 정기 구독하다: **subscribe *to*** TIME   (subscribe TIME: ×)

위와 같은 동사들을 비롯하여
꼭 알고 있어야 할 「자동사+전치사」를 알아보도록 하자.

One Page View 한 눈에 보는 Key Verbs, Phrases, & Sentences

패턴 5의 모든 내용이 이 한 페이지에 담겨 있습니다.

목적어가 '~을[를]'로 해석되거나 전치사를 빼먹기 쉬운 「자동사+전치사」 어구를 소개한다. 잘 쓰이는 목적어와 함께 숙어처럼 외워두는 것이 좋다. 이때 주의할 것은 정확한 우리말 해석과 반드시 같이 알아둬야 한다는 것이다. 대부분의 동사가 타동사로도 쓰이는데, 그때와 미묘한 의미 차이가 있다.

account for the plan	그 계획을 **설명하다**(= explain)	The leader **accounted for** *the plan*.
add to the confusion	혼란을 **증가시키다**(= increase)	Changing the schedule **added to** *the confusion*.
agree with him	그에게 **동의[동감]하다**	The teacher totally **agreed with** *him*.
allow for traffic delays	교통 체증을 **고려하다**	The interviewer never **allows for** *traffic delays*.
apply for a passport	여권을 **신청하다**	He **applied for** *a passport* for his trip.
approve of their marriage	그들의 결혼을 **찬성[허락]하다**	Their parents **approved of** *their marriage*.
ask for information	정보를 **요청하다**	I **asked for** *information* about the tour.
call for a change	변화를 **요구하다**	The students **called for** *a change* of the rules.
care for patients	환자들을 **돌보다**	Nurses **care for** *patients* in a hospital.
complain about the noises	소음을 **불평하다**	The neighbors **complained about** *the noises*.
consist of eleven players	11명의 선수들로 **구성되다** (= be made up of)	A soccer team **consists of** *eleven players*.
deal with the issue	그 문제를 **처리하다**	Congress should **deal with** *the issue*.
graduate from university	대학을 **졸업하다**	John will **graduate from** *university*.
hope for success	성공을 **바라다**	Our team **hopes for** *success* eagerly.
insist on a refund	환불을 **요구하다**	The customer **insists on** *a refund* of the item.
interfere with learning	학습을 **방해하다**	Using a smartphone **interferes with** *learning*.
live on vegetables	채소를 먹고 **살다**	They **live on** *vegetables* and don't eat meat.
look after the kids	아이들을 **돌보다**	Susan calmly **looks after** *the kids*.
look at the instructions	설명서를 자세히 **읽다**	You should **look at** *the instructions*.
look for her hat	그녀의 모자를 **찾다**	The woman hurriedly **looks for** *her hat*.
major in history	역사를 **전공하다**	Most history teachers **majored in** *history*.
object to[against] the construction	건설을 **반대하다**	He **objects to[against]** *the construction* of a highway.
pay for the tickets	티켓값을 **지불하다**	He **paid for** *the tickets* yesterday.
result in success	**(결과적으로)** 성공을 **낳다**	Many failures **result in** *success*.
result from my efforts	내 노력의 **결과로 발생하다**	Winning a scholarship **results from** *my efforts*.
subscribe to the magazine	잡지를 정기 **구독하다**	I **subscribe to** *the magazine* for $50 a year.
succeed in hitting	치는 것에 **성공하다**	The player **succeeded in** *hitting* a home run.
wait for guests	손님들을 **기다리다**	A party host is **waiting for** *guests*.

STEP 0

Key Verbs 동사의 변화형 다지기

틀리기 쉬운 규칙, 불규칙 변화형부터 살펴봅니다.

빨간색은 주의해야 할 변화형을, 별(*)은 특히 틀리기 쉬운 변화형을 나타낸다.

원형	3인칭 단수 현재형	과거형	과거분사형	현재분사형
apply	applies	applied	applied	applying
approve	approves	approved	approved	approving
care	cares	cared	cared	caring
deal	deals	*dealt	*dealt	dealing
graduate	graduates	graduated	graduated	graduating
hope	hopes	hoped	hoped	hoping
interfere	interferes	interfered	interfered	interfering
live	lives	lived	lived	living
pay	pays	paid	paid	paying
subscribe	subscribes	subscribed	subscribed	subscribing

[1-10] 다음 주어진 동사를 시제와 수에 맞게 적절히 변형하여 빈칸을 완성하시오.

1 우리 엄마는 운전 강습비를 **내셨다.** (pay for)

My mom _____ the driving lessons.

2 더운 날씨가 밖에서 달리는 것을 **방해하고 있다.**
(interfere with)

The hot weather is _____ running outside.

3 Jenny는 올해 대학을 **졸업할 것이다.**
(graduate from)

Jenny is _____ college this year.

4 많은 아이들은 좋은 선물을 **바라고 있다.**
(hope for)

Many children are _____ good presents.

5 나는 학생용 도서관 카드를 **신청했다.** (apply for)

I _____ a student library card.

6 몇몇 곰들은 연어만을 **먹고 살고 있다.** (live on)

Some bears are _____ salmon only.

7 우리 아버지는 그 신문을 정기 **구독하고 계신다.**
(subscribe to)

My father is _____ the newspaper.

8 그들은 많은 고아들을 **돌보고 있다.** (care for)

They are _____ many orphans.

9 그는 새로운 계획을 **찬성하고 있다.** (approve of)

He is _____ the new plan.

10 그 원어민 직원이 문법적인 오류를 **처리했다.**
(deal with)

The foreign employee has _____ grammatical errors.

STEP 1

Key Phrases 짧은 구 익히기

짧은 구로 기본기를 잡습니다.

[1-28] 다음 어구에 맞게 빈칸에 들어갈 단어를 쓰시오. (동사의 기본형을 사용할 것)

1	그 계획을 설명하다	a_____ f_____ the p_____
2	혼란을 증가시키다	a_____ t_____ the c_____
3	그에게 동의하다	a_____ w_____ h_____
4	교통 체증을 고려하다	a_____ f_____ t_____ d_____
5	여권을 신청하다	a_____ f_____ a p_____
6	그들의 결혼을 찬성하다	a_____ o_____ t_____ m_____
7	정보를 요청하다	a_____ f_____ i_____
8	변화를 요구하다	c_____ f_____ a c_____
9	환자들을 돌보다	c_____ f_____ p_____
10	소음을 불평하다	c_____ a_____ the n_____
11	11명의 선수들로 구성되다	c_____ o_____ e_____ p_____
12	그 문제를 처리하다	d_____ w_____ the i_____
13	대학을 졸업하다	g_____ f_____ u_____
14	성공을 바라다	h_____ f_____ s_____
15	환불을 요구하다	i_____ o_____ a r_____
16	학습을 방해하다	i_____ w_____ l_____
17	채소를 먹고 살다	l_____ o_____ v_____
18	아이들을 돌보다	l_____ a_____ the k_____
19	설명서를 자세히 읽다	l_____ a_____ the i_____
20	그녀의 모자를 찾다	l_____ f_____ h_____ h_____
21	역사를 전공하다	m_____ i_____ h_____
22	건설을 반대하다	o_____ t_____ the c_____
23	티켓값을 지불하다	p_____ f_____ the t_____
24	(결과적으로) 성공을 낳다	r_____ i_____ s_____
25	내 노력의 결과로 발생하다	r_____ f_____ m_____ e_____
26	잡지를 정기 구독하다	s_____ t_____ the m_____
27	치는 것에 성공하다	s_____ i_____ h_____
28	손님들을 기다리다	w_____ f_____ g_____

Key Sentences 문장 도전하기

구를 익혔으니 문장 쓰기에 도전할 수 있습니다.

[1-28] 다음 우리말을 주어진 동사를 참고하여 영작하시오.

1 그 지도자는 / 그 계획을 설명했다. (account for)
→

2 일정을 바꾸는 것은 / 혼란을 증가시켰다. (add to)
→

3 선생님은 / 완전히 그에게 동의했다. (agree with)
→

4 그 면접관은 / 절대 교통 체증을 고려하지 않는다. (allow for)
→

5 그는 / 여권을 신청했다 / 자신의 여행을 위해. (apply for)
→

6 그들의 부모님은 / 그들의 결혼을 찬성했다. (approve of)
→

7 나는 / 정보를 요청했다 / 여행에 대한. (ask for)
→

8 학생들은 / 변화를 요구했다 / 규칙의. (call for)
→

9 간호사들은 / 환자들을 돌본다 / 병원에서. (care for)
→

10 이웃들이 / 소음을 불평했다. (complain about)
→

11 축구팀은 / 11명의 선수들로 구성되어 있다. (consist of)
→

12 국회는 / 그 문제를 처리해야 한다. (deal with)
→

13 John은 / 대학을 졸업할 것이다. (graduate from)
→

Key Verbs

Key Phrases

Key Sentences

14 우리 팀은 / 성공을 바란다 / 간절히. (hope for)

→

15 그 고객은 / 환불을 요구한다 / 물품의. (insist on)

→

16 스마트폰을 사용하는 것은 / 학습을 방해한다. (interfere with)

→

17 그들은 / 채소를 먹고 산다 / 그리고 고기를 먹지 않는다. (live on)

→

18 Susan은 / 차분하게 아이들을 돌본다. (look after)

→

19 여러분은 / 설명서를 자세히 읽어야 한다. (look at)

→

20 그 여자는 / 서둘러 자신의 모자를 찾는다. (look for)

→

21 대부분의 역사 선생님들은 / 역사를 전공하셨다. (major in)

→

22 그는 / 건설을 반대한다 / 고속 도로의. (object to[against])

→

23 그는 / 티켓값을 지불했다 / 어제. (pay for)

→

24 많은 실패들은 / (결과적으로) 성공을 낳는다. (result in)

→

25 장학금을 받는 것은 / 내 노력의 결과로 발생한다. (result from)

→

26 나는 정기 구독한다 / 잡지를 / 1년에 50달러에. (subscribe to)

→

27 그 선수는 / 치는 것에 성공했다 / 홈런을. (succeed in)

→

28 한 파티 주최자가 / 기다리는 중이다 / 손님들을. (wait for)

→

Must-Knows! 문어법 짚어보기

ANSWER p.9

꼭 알아야 할 문어법을 짚고 넘어갑니다.

A 맞는 어법 고르기 다음 각 네모 안에서 어법에 맞는 것을 고르시오.

1 The angry guest insists on / for cleaning the room.

2 The doctor objected in / to the wrong medical information.

3 The team succeeded to / in winning a trophy.

4 A good manager can deal with / on any customer's complaints.

B 문장 오류 찾기 다음 각 문장의 밑줄 친 부분이 어법과 문맥상 옳으면 ○, 틀리면 ×로 표시하고 바르게 고쳐 쓰시오.

1 Healthy food <u>results from</u> changes to your health.

2 Clara <u>cared for</u> her sick pet last night.

3 Brian always <u>asks for</u> dessert after lunch.

4 A customer strongly <u>complained in</u> the poor service.

C 의미 파악하기 다음 밑줄 친 부분의 의미로 알맞은 것을 〈보기〉에서 골라 그 번호를 쓰시오.

〈보기〉	① ~을 설명하다	② ~을 요구하다	③ ~로 구성되다
	④ ~의 결과로 발생하다	⑤ ~을 고려하다	⑥ (결과적으로) ~을 낳다

1 The speaker <u>accounts for</u> the differences in the new program.

2 A good harvest <u>results from</u> a farmer's effort.

3 I <u>allowed for</u> the crowd and reserved the seats in advance.

4 Mensa <u>consists of</u> quite intelligent members.

5 The developments of medical devices <u>result in</u> life extension.

6 Many citizens <u>call for</u> environmental measures.

---

complaint 불만, 불평   harvest 수확   crowd 많은 사람들, 군중   reserve 예약하다   in advance 미리   quite 꽤   intelligent 높은 지능을 갖춘, 지적인
life extension 수명 연장   measures 조치

Write More! 응용 문장에 적용하기

새로운 응용 문장에 학습한 내용을 적용해 봅니다.

A 　배열 영작　다음 우리말과 일치하도록 괄호 안에 주어진 단어를 순서대로 배열하시오.

1 지호는 미국 비자를 신청했다. (applied / a U.S. visa / for / Ji-ho)

→

2 우리는 대회에서 좋은 결과를 바랐다. (hoped / a good result / the contest / we / in / for)

→

3 너는 시리얼을 주식으로 해서는 안 된다. (live / cereal / shouldn't / you / on)

→

4 속도는 그 차의 장점을 더한다. (to / of / speed / the advantages / adds / the car)

→

5 미용실은 많은 패션 잡지를 정기 구독한다.

(fashion magazines / to / subscribe / hair salons / many)

→

B 　조건 영작　다음 우리말과 일치하도록 괄호 안의 단어를 활용하여 문장을 완성하시오. (필요시 어형 변화 및 단어 추가 가능)

1 우리는 내년에 중학교를 졸업할 것이다. (middle school, graduate)

→ We will _____ next year.

2 그 도시는 해변에서 어떠한 것도 마시는 것을 허락하지 않는다. (drink, approve)

→ The city _____ anything on a beach.

3 우리 부모님께서는 주로 내게 동의하신다. (usually agree)

→ My parents _____.

4 내 친구와 나는 보호소에서 개들을 돌본다. (in the shelter, look)

→ My friend and I _____.

5 그는 전기세를 지불하지 않았다. (the electricity, pay)

→ He _____.

OVERALL TEST 2

A 다음 각 네모 안에서 어법과 문맥상 맞는 것을 고르시오.

1 Our office is quiet and $\boxed{\text{resembles / resembles with}}$ a library.

2 Harry $\boxed{\text{mentioned about / mentioned}}$ the problem yesterday.

3 She always $\boxed{\text{insists on / insists}}$ following the rules.

4 The soccer player $\boxed{\text{objected / objected to}}$ the referee's decision.

5 I $\boxed{\text{considered about / considered}}$ his offer as well.

6 Researchers have $\boxed{\text{dealt / dealt with}}$ the environmental problem.

B 다음 각 문장의 밑줄 친 부분이 어법상 옳으면 ○, 틀리면 ×로 표시하고 바르게 고쳐 쓰시오.

1 My father complains driving at rush hour.

2 The boy is approaching to the nest carefully.

3 The new task added to his stress.

4 My aunt married with the man with blond hair.

5 You should ask of a refund of the product.

6 She leaves the group to go to class.

C 밑줄 친 부분에 유의하여 다음 해석을 완성하시오.

1 Almonds consist of many kinds of nutrients.
 → 아몬드는 많은 종류의 영양소 _____.

2 A good teacher can explain the meaning of a word easily.
 → 좋은 선생님은 쉽게 단어의 의미 _____.

3 The woman paid for a new car by credit card.
 → 그 여자는 신용 카드로 새 차 한 대의 _____.

4 The scientist reached a conclusion about the new theory.
 → 그 과학자는 새로운 이론에 대한 결론 _____.

D 다음 빈칸에 문맥상 가장 자연스러운 동사를 〈보기〉에서 골라 쓰시오. (단, 수일치를 고려하여 현재형으로 쓸 것, 중복 사용 불가)

〈보기〉	result from	suit	address
	accompany	approve of	contact

1   The boss _____ moving the office to the city.

2   The principal _____ the students for graduation.

3   I sometimes _____ my grandfather to say hello.

4   The middle school uniform _____ my son.

5   The present problems _____ the past errors.

6   Parents should _____ their children at the amusement park.

E 다음 우리말과 일치하도록 괄호 안의 단어를 활용하여 문장을 완성하시오. (필요시 어형 변화 및 단어 추가 가능)

1   대부분의 직원들은 그 새로운 감독에게 동의한다. (agree, the new director)

→ Most employees _____.

2   지나는 아이스크림의 맛을 선택했다. (choose, the flavor of)

→ Gina _____.

3   헬멧을 쓰지 않는 것은 머리 부상을 가져온다. (head injuries, result)

→ Not wearing a helmet _____.

4   그 대통령은 10분 전에 그 건물에서 떠났다. (the building, the president, leave)

→ _____ ten minutes ago.

5   그녀는 유치원에서 아이들을 돌본다. (children, look)

→ _____ in the kindergarten.

6   그 단체는 행사를 홍보하는 것에 성공했다. (promote, succeed, the event)

→ The group _____.

7   상승하는 기온은 식물의 성장에 영향을 미칠 수 있다. (influence, rising temperatures)

→ _____ a plant's development.

Get a hold of yourself.
정신 차려.

A: Oh, my God. It's 9 a.m. I'm so late for school.
오, 이런. 9시잖아. 학교에 완전히 늦겠어.

B: Susie, get a hold of yourself. It's Saturday. You don't need to go to school today.
수지야, _____. 오늘은 토요일이야. 오늘 학교에 갈 필요 없단다.

오전 9시.
평일이라면 학교에 있을 시간인데요.
걱정하는 수지에게 엄마는 한 마디 전합니다.

정신 차려. Get a hold of yourself.

이처럼 친구에게 '진정해, 정신 차려!' 라고 말하고 싶을 때,
Get a hold of yourself! 라고 말해보세요.

참고로, 친구가 아닌 내가 정신을 좀 차려야겠다고 말할 때는,
I need to get a hold of myself. 라고 하면 됩니다.

PART

3

PATTERN 6

s+V+to부정사(구)

앞서 살펴본 동사들이
목적어로 명사가 어울린다고 하면,
이 패턴에서 만나볼 동사들은
목적어로 동사가 더 어울리는 것들이다.

> **I made** a little snowman. 나는 조그만 눈사람을 만들었다.
>   명사(구) 목적어
>
> **I failed to** persuade her. 나는 그녀를 설득하는 것을 실패했다.
>   동사 목적어

이렇게 동사로 만든 목적어들은 그 형태에 변화를 주는데,
이 패턴에서는 앞에 to를 붙인 형태인 to부정사(구)를 알아본다.

예외가 있지만, 이 to부정사(구) 목적어들은
대부분 아직 완수하지 못한 일을 의미한다.
이는 원래 to가 가지고 있는 의미(((이동 방향)) ~쪽으로, ~로)와도
일맥상통한다고 할 수 있다.
다시 말해, 문장의 동사보다 to부정사는 더 나중에 일어날 일이다.

> **I remembered to call** my parents.
>   먼저 일어난 일   완수하지 못한 일. 나중의 일
>
> 나는 우리 부모님께 **전화 드려야 하는 것**이 기억났다.

또한, to부정사는 동사에서 나온 것이므로
대부분의 경우에 목적어나 부사구 등이 함께 쓰여
하나의 작은 의미 단위가 되는 to부정사구를 이룬다.

> I decided / *to take a trip to Gyeongju.*
> 나는 결심했다 / *경주로 여행 가는 것을.*
>
> We are planning / *to go on a hike.*
> 우리는 계획하고 있다 / *하이킹 가는 것을.*

One Page View 한 눈에 보는 Key Verbs, Phrases, & Sentences

동사를 의미별로 묶어서 같이 잘 쓰이는 to부정사와 함께 기억하는 것이 좋다.

1 희망하다, 원하다 류

hope to visit	방문하기를 희망하다	I **hope** *to visit* India someday.
want to know	알기를 원하다	I **want** *to know* the college life.
wish to learn	배우고 싶어 하다	My brother **wishes** *to learn* ballet.
need to buy	살 필요가 있다	You **need** *to buy* some flour to make a cake.
ask to use	사용할 것을 요청하다	I **asked** *to use* my mom's laptop.
demand to see	만날 것을 요구하다	A woman **demanded** *to see* the manager.
offer to help	도울 것을 제안하다	Mark kindly **offered** *to help* the lost child.

2 의도하다, 결심하다 류

plan to move	이사하기로 계획하다	We are **planning** *to move* to Seoul.
decide to lose	줄이기를 결심하다	Many people **decide** *to lose* weight every January.
determine to change	바꾸기로 결심하다	I **determined** *to change* my major.
choose to live	살기로 결정[선택]하다	Many people are **choosing** *to live* alone.
expect to win	이길 것으로 예상하다	The soccer team **expects** *to win* the home game.
promise to give	주기로 약속하다	Sean **promised** *to give* a present to me.
agree to meet	만나기로 동의하다	The two leaders **agreed** *to meet* again.
refuse to say	말하기를 거부[거절]하다	The criminal **refused** *to say* anything.
decline to comment	언급하기를 거부[거절]하다	The actor **declined** *to comment* on the scandal.
hesitate to call	전화하는 것을 망설이다	Don't **hesitate** *to call* me if you want.
tend to waste	낭비하는 경향이 있다	I **tend** *to waste* my time during vacation.

3 기타

deserve to win	이길 자격이 있다	The Korean curling team **deserved** *to win*.
fail to finish	끝내지 못하다	I **failed** *to finish* the race because of the injury.
afford to buy	살 여유가 있다	I couldn't **afford** *to buy* a car.
prepare to leave	떠날 준비를 하다	My parents are **preparing** *to leave* on vacation.
pretend to cry	우는 척하다	The kid **pretended** *to cry* to get attention.
learn to dance	춤추는 것을 배우다	He is **learning** *to dance*.
manage to get	간신히 구하다	We **managed** *to get* tickets to the concert.

*manage의 경우, to부정사 목적어가 '완료하지 못한 일'이 아니라 '완료한 일'을 뜻한다는 점에서 다른 동사와 차이가 있다.

Key Verbs 동사의 변화형 다지기

틀리기 쉬운 규칙, 불규칙 변화형부터 살펴봅니다.

빨간색은 주의해야 할 변화형을, 별(*)은 특히 틀리기 쉬운 변화형을 나타낸다.

원형	3인칭 단수 현재형	과거형	과거분사형	현재분사형
hope	hopes	hoped	hoped	hoping
plan	plans	planned	planned	planning
decide	decides	decided	decided	deciding
determine	determines	determined	determined	determining
choose	chooses	*chose	*chosen	choosing
promise	promises	promised	promised	promising
refuse	refuses	refused	refused	refusing
decline	declines	declined	declined	declining
hesitate	hesitates	hesitated	hesitated	hesitating
deserve	deserves	deserved	deserved	deserving
prepare	prepares	prepared	prepared	preparing
learn	learns	learned / *learnt	learned / *learnt	learning
manage	manages	managed	managed	managing

[1-10] 다음 주어진 동사를 시제와 수에 맞게 적절히 변형하여 빈칸을 완성하시오.

1 그 남자는 그 기계를 사용하는 것을 **배웠다.** (learn)   The man _____ to use the machine.

2 나는 이번 휴가에는 가족들과 함께 집에 있기로 **결정했다.** (choose)   I have _____ to stay at home with my family this holiday.

3 우리는 네 도움 없이 **간신히** 살아**가고 있다.** (manage)   We are _____ to live without your help.

4 Henry는 우리와 이야기하기를 **거부하고 있다.** (refuse)   Henry is _____ to talk with us.

5 Kate는 배우가 될 **준비를 하고 있었다.** (prepare)   Kate was _____ to become an actress.

6 우리 엄마는 오늘 밤 푹 자기를 **희망하고 계신다.** (hope)   My mom is_____ to sleep well tonight.

7 우리는 소풍을 가기로 **계획했다.** (plan)   We have _____ to go on a picnic.

8 그는 그 회의에 참석하기를 **거부하고 있다.** (decline)   He is _____ to attend the meeting.

9 그들은 한 달에 한 번 만나기로 **약속하고 있다.** (promise)   They are _____ to meet once a month.

10 고객들은 그 신제품을 사는 것을 **망설이는 중이다.** (hesitate)   Consumers are _____ to buy the new product.

STEP 1

Key Phrases 짧은 구 익히기

짧은 구로 기본기를 잡습니다.

[1-25] 다음 어구에 맞게 빈칸에 들어갈 단어를 쓰시오. (동사의 기본형을 사용할 것)

1	방문하기를 **희망하다**	h_____	v_____
2	알기를 **원하다**	w_____	k_____
3	배우고 **싶어 하다**	w_____	l_____
4	살 **필요가 있다**	n_____	b_____
5	사용할 것을 **요청하다**	a_____	u_____
6	만날 것을 **요구하다**	d_____	s_____
7	도울 것을 **제안하다**	o_____	h_____
8	이사하기로 **계획하다**	p_____	m_____
9	줄이기를 **결심하다**	d_____	l_____
10	바꾸기로 **결심하다**	d_____	c_____
11	살기로 **결정하다**	c_____	l_____
12	이길 것으로 **예상하다**	e_____	w_____
13	주기로 **약속하다**	p_____	g_____
14	만나기로 **동의하다**	a_____	m_____
15	말하기를 **거부하다**	r_____	s_____
16	언급하기를 **거부하다**	d_____	c_____
17	전화하는 것을 **망설이다**	h_____	c_____
18	낭비하는 **경향이 있다**	t_____	w_____
19	이길 **자격이 있다**	d_____	w_____
20	끝내지 **못하다**	f_____	f_____
21	살 **여유가 있다**	a_____	b_____
22	떠날 **준비를 하다**	p_____	l_____
23	우는 **척하다**	p_____	c_____
24	춤추는 것을 **배우다**	l_____	d_____
25	간신히 **구하다**	m_____	g_____

Key Sentences 문장 도전하기

구를 익혔으니 문장 쓰기에 도전할 수 있습니다.

[1-25] 다음 우리말을 주어진 동사를 참고하여 영작하시오.

1   나는 방문하기를 희망한다 / 인도를 / 언젠가. (hope)
→

2   나는 알기를 원한다 / 대학 생활을. (want)
→

3   내 남동생은 / 배우고 싶어 한다 / 발레를. (wish)
→

4   너는 살 필요가 있다 / 약간의 밀가루를 / 케이크를 만들기 위해. (need)
→

5   나는 사용할 것을 요청했다 / 엄마의 노트북 컴퓨터를. (ask)
→

6   한 여성이 / 만날 것을 요구했다 / 관리자를. (demand)
→

7   Mark는 / 친절하게 도울 것을 제안했다 / 그 길 잃은 아이를. (offer)
→

8   우리는 이사하기로 계획 중이다 / 서울로. (plan)
→

9   많은 사람들이 / 줄이기를 결심한다 / 체중을 / 1월마다. (decide)
→

10   나는 바꾸기로 결심했다 / 내 전공을. (determine)
→

11   많은 사람들이 / 살기로 결정하고 있다 / 혼자. (choose)
→

12   그 축구팀은 / 이길 것으로 예상한다 / 홈 경기를. (expect)
→

Key Verbs | Key Phrases | Key Sentences

13 Sean은 / 주기로 약속했다 / 선물을 / 내게. (promise)

→

14 그 두 지도자는 / 만나기로 동의했다 / 다시. (agree)

→

15 그 범죄자는 / 말하기를 거부했다 / 어떤 것도. (refuse)

→

16 그 배우는 / 언급하기를 거부했다 / 그 스캔들에 관해. (decline)

→

17 전화하는 것을 망설이지 마세요 / 제게 / 만약 당신이 원한다면. (hesitate)

→

18 나는 낭비하는 경향이 있다 / 내 시간을 / 방학 동안. (tend)

→

19 그 한국 컬링팀은 / 이길 자격이 있었다. (deserve)

→

20 나는 끝내지 못했다 / 경주를 / 부상으로 인해. (fail)

→

21 나는 살 여유가 없었다 / 차를. (afford)

→

22 우리 부모님께서는 / 떠날 준비를 하시는 중이다 / 휴가를. (prepare)

→

23 그 아이는 / 우는 척했다 / 관심을 끌기 위해. (pretend)

→

24 그는 / 춤추는 것을 배우고 있다. (learn)

→

25 우리는 간신히 구했다 / 콘서트 표를. (manage)

→

Must-Knows! 문어법 짚어보기

ANSWER p.11

꼭 알아야 할 문어법을 짚고 넘어갑니다.

to부정사의 부정형은 「not[never]+to부정사(구)」이다.

The kid pretended to not cry(→ not to cry).
He promised to not tell(→ not to tell) my secret to anyone.

A 　문장구조 파악　다음 문장에서 주어, 동사, 목적어(구)를 찾아 밑줄을 긋고 각각 S, V, O로 표시하시오.

1　She has failed to do her duties.

2　The prisoner asks to see her lawyer.

3　The professor hopes to cure cancer one day.

4　Nathan always decides not to waste money.

B 　문장 오류 찾기　다음 각 문장의 밑줄 친 부분이 어법상 옳으면 ○, 틀리면 ×로 표시하고 바르게 고쳐 쓰시오.

1　He wishes <u>visit</u> her new house next week.

2　The employees demanded <u>to getting</u> a bonus.

3　The hardworking man deserves <u>to succeed</u>.

4　My dad always pretends <u>to not know</u> my birthday.

C 　문장 오류 찾기　다음 우리말에 맞도록 각 문장에서 어법과 문맥상 틀린 부분을 찾아 밑줄을 긋고 바르게 고쳐 쓰시오.

1　그녀는 작년에 해외에 갈 여유가 없었다.
　　She couldn't afford going abroad last year.

2　그들은 콘서트 입장을 위해 더는 기다리기를 거부했다.
　　They declined wait any longer for entrance to the concert.

3　다미는 다시는 늦지 않겠다고 약속했다.
　　Dami promised to be late again.

---

duty 의무; 임무　prisoner 죄수　lawyer 변호사　cure 치료하다　cancer 암　hardworking 부지런한　go abroad 해외에 가다　entrance 입장; 입구

Write More! 응용 문장에 적용하기

새로운 응용 문장에 학습한 내용을 적용해 봅니다.

A 배열 영작 다음 우리말과 일치하도록 괄호 안에 주어진 단어를 순서대로 배열하시오.

1 그녀는 그의 질문에 대답하는 것을 망설였다. (his question / answer / hesitated / she / to)
   →

2 Lucas는 그 음악가를 정말로 만나고 싶어 한다. (really wants / the musician / Lucas / meet / to)
   →

3 Liam은 그녀를 보지 못한 척하고 있다. (see / not / Liam / her / to / pretending / is)
   →

4 Olivia는 우리를 위해 저녁을 요리할 것을 제안했다.
   (to / for / dinner / cook / Olivia / offered / us)
   →

5 그 개는 간신히 문을 열고 도망쳤다. (to / the door / open / managed / the dog / and escaped)
   →

B 조건 영작 다음 우리말과 일치하도록 괄호 안의 단어를 활용하여 문장을 완성하시오. (필요시 어형 변화 및 단어 추가 가능)

1 우리는 새로운 신발을 사기 위해 쇼핑몰에 가기로 결정했다. (the mall, go to, decide)
   → We _____ to buy new shoes.

2 그 후보자는 세금을 낮추기로 약속했다. (taxes, lower, promise)
   → The candidate _____.

3 그 우체부는 그 소포를 우선 배달하기로 선택했다. (the package, choose, deliver)
   → The postman _____ first.

4 우리 언니는 자신의 옷을 내게 빌려주기로 동의했다. (her clothes, lend, agree)
   → My sister _____ to me.

5 Isabella는 수학 시험을 위해 연필 한 자루를 빌려 달라고 요청했다. (ask, a pencil, borrow)
   → Isabella _____ for the math test.

PATTERN 7

s+V+동명사(구)

이 패턴에서 만나볼 동사들은
목적어로 동사가 오는 것이 기대되는 것들로서
그 형태가 to부정사가 아닌 동명사(v-ing)인 것들이다.

I finished **doing** my homework. 나는 **숙제하는 것을** 끝마쳤다.
　　　　　　동명사구 목적어

We enjoy **going** shopping together. 우리는 함께 **쇼핑가는 것을** 즐긴다.
　　　　　　동명사구 목적어

동명사의 경우도 예외가 있긴 하지만 to부정사와는 다르게

1. 현재 진행되고 있거나
2. 과거에 이미 끝난 일(긍정적 결과이든 아니든 그 일을 완료)을 뜻하는 경우가 많다.

그러므로 2번의 경우는 문장의 동사가 동명사보다 더 나중의 일이 된다.

I remembered **calling** my parents.
　나중에 일어난 일　　먼저 일어난 일

나는 부모님께 **전화 드렸던 것이** 기억났다.

cf. I remembered **to call** my parents.
　　　먼저 일어난 일　　완수하지 못한 일

나는 부모님께 **전화 드려야 하는 것이** 기억났다.

to부정사의 경우와 마찬가지로
동명사도 대부분의 경우에 목적어나 부사구 등이 함께 쓰여
하나의 작은 의미 단위가 되는 동명사구를 이룬다.

You'd better avoid / *eating food at night.*

너는 피하는 것이 좋을 것이다 / **밤에 음식 먹는 것을.**

Don't put off / *going to the dentist.*

미루지 마라 / **치과에 가는 것을.**

One Page View 한 눈에 보는 Key Verbs, Phrases, & Sentences

패턴 7의 모든 내용이 이 한 페이지에 담겨 있습니다.

이전 패턴의 경우와 마찬가지로 동사를 최대한 의미별로 묶어서 기억하는 것이 좋다.
바로 뒤에 간단한 동명사 어구를 붙여서 알아두자.

1 끝내다 / 계속하다 류

finish *writing*	쓰는 것을 **마치다**	I just **finished** *writing* the English report.
give up *learning*	배우는 것을 **포기하다**	Don't **give up** *learning* a foreign language.
quit *smoking*	담배 피우는 것을 **그만두다**	My husband **quit** *smoking* after our wedding.
keep *exercising*	운동하는 것을 **계속하다**	You should **keep** *exercising* for your health.

2 추천하다 / 피하다 류

recommend *going*	가는 것을 **추천하다**	My friend **recommends** *going* to see a doctor.
suggest *leaving*	떠나는 것을 **제안하다**	I **suggest** *leaving* early to avoid rush hour.

*같은 의미의 offer는 to부정사를 목적어로 취한다.

avoid *spending*	(돈을) 쓰는 것을 **피하다**	You should **avoid** *spending* too much money.
mind *opening*	여는 것을 **꺼리다**	Do you **mind** *opening* the window?
delay *having*	갖는 것을 **미루다**	Many couples **delay** *having* children these days.
postpone *finishing*	끝내는 것을 **미루다**	Don't **postpone** *finishing* your homework.
put off *going on*	가는 것을 **미루다**	We **put off** *going on* a picnic because of the rain.

3 인정하다 / 부인하다

admit *lying*	거짓말한 것을 **인정하다**	He **admitted** *lying* and said sorry.
deny *seeing*	본 것을 **부인하다**	The witness **denied** *seeing* the accident.

4 고려하다 / 상상하다

consider *buying*	사는 것을 **고려하다**	My wife and I are **considering** *buying* a new house.
imagine *living*	사는 것을 **상상하다**	I can't **imagine** *living* without my parents.

5 포함하다

include *caring for*	돌보는 것을 **포함하다**	A teacher's job **includes** *caring for* their students.
involve *volunteering*	봉사하는 것을 **포함하다**	My plan for vacation **involves** *volunteering*.

6 기타

enjoy *dancing*	춤추는 것을 **즐기다**	Susie **enjoys** *dancing* on stage.
miss *watching*	보는 것을 **놓치다**	I never **miss** *watching* my favorite soccer teams.
practice *singing*	노래하는 것을 **연습하다**	We **practiced** *singing* for her wedding.
can't help *sweating*	땀 흘리**지 않을 수 없다**	I **can't help** *sweating* in hot weather.

Key Verbs

Key Phrases

Key Sentences

Key Verbs 동사의 변화형 다지기

틀리기 쉬운 규칙, 불규칙 변화형부터 살펴봅니다.

빨간색은 주의해야 할 변화형을, 별(*)은 특히 틀리기 쉬운 변화형을 나타낸다.

원형	3인칭 단수 현재형	과거형	과거분사형	현재분사형
give up	gives up	*gave up	*given up	giving up
quit	quits	*quit	*quit	quitting
keep	keeps	*kept	*kept	keeping
postpone	postpones	postponed	postponed	postponing
put off	puts off	*put off	*put off	putting off
admit	admits	admitted	admitted	admitting
imagine	imagines	imagined	imagined	imagining
include	includes	included	included	including
involve	involves	involved	involved	involving

[1-10] 다음 주어진 동사를 <u>시제와 수에</u> 맞게 적절히 변형하여 빈칸을 완성하시오.

1 그 남자는 돈을 훔친 것을 **인정했다**. (admit)

The man ＿＿＿＿＿＿ stealing the money.

2 그 사업가는 마감 시간에 대해 걱정하는 것을 **그만두었다**. (quit)

The businessman ＿＿＿＿＿＿ worrying about the deadline.

3 그들은 궂은 날씨 때문에 그 행사를 개최하는 것을 **미루고 있다.** (postpone)

They are ＿＿＿＿＿＿ opening the event because of the bad weather.

4 그 여자는 점심시간 동안에 낮잠 자는 것을 **상상하고 있다.** (imagine)

The woman is ＿＿＿＿＿＿ taking a nap during her lunch hour.

5 그 소녀는 반장 선거에 나가는 것을 **포기했다.** (give up)

The girl ＿＿＿＿＿＿ running for class president.

6 그 개는 밤새도록 짖는 것을 **계속했다.** (keep)

The dog ＿＿＿＿＿＿ barking all night long.

7 Maria는 어제부터 숙제하는 것을 **미루어 왔다.** (put off)

Maria has ＿＿＿＿＿＿ doing her homework since yesterday.

8 그녀는 이미 기차표를 예약하는 것을 **포기했다.** (give up)

She has already ＿＿＿＿＿＿ booking a train ticket.

9 그는 그녀의 옷에 물을 쏟은 것을 **인정하고 있었다.** (admit)

He was ＿＿＿＿＿＿ spilling the water on her clothes.

10 그 위원회는 결승전을 **미루지** 않고 **있을 것이다.** (put off)

The committee won't be ＿＿＿＿＿＿ the final round.

STEP 1

Key Phrases 짧은 구 익히기

짧은 구로 기본기를 잡습니다.

[1-21] 다음 어구에 맞게 빈칸에 들어갈 단어를 쓰시오. (동사의 기본형을 사용할 것)

1   쓰는 것을 **마치다**   f_____ w_____

2   배우는 것을 **포기하다**   g_____ u_____ l_____

3   담배 피우는 것을 **그만두다**   q_____ s_____

4   운동하는 것을 **계속하다**   k_____ e_____

5   가는 것을 **추천하다**   r_____ g_____

6   떠나는 것을 **제안하다**   s_____ l_____

7   (돈을) 쓰는 것을 **피하다**   a_____ s_____

8   여는 것을 **꺼리다**   m_____ o_____

9   갖는 것을 **미루다**   d_____ h_____

10 끝내는 것을 **미루다**   p_____ f_____

11 가는 것을 **미루다**   p_____ o_____ g_____ o_____

12 거짓말한 것을 **인정하다**   a_____ l_____

13 본 것을 **부인하다**   d_____ s_____

14 사는 것을 **고려하다**   c_____ b_____

15 사는 것을 **상상하다**   i_____ l_____

16 돌보는 것을 **포함하다**   i_____ c_____ f_____

17 봉사하는 것을 **포함하다**   i_____ v_____

18 춤추는 것을 **즐기다**   e_____ d_____

19 보는 것을 **놓치다**   m_____ w_____

20 노래하는 것을 **연습하다**   p_____ s_____

21 땀 흘리**지 않을 수 없다**   c_____ h_____ s_____

Key Sentences 문장 도전하기

구를 익혔으니 문장 쓰기에 도전할 수 있습니다.

[1-21] 다음 우리말을 주어진 동사를 참고하여 영작하시오.

1 나는 / 방금 쓰는 것을 마쳤다 / 영어 보고서를. (finish)

→

2 배우는 것을 포기하지 마라 / 외국어를. (give up)

→

3 내 남편은 / 담배 피우는 것을 그만두었다 / 우리의 결혼식 후에. (quit)

→

4 너는 / 운동하는 것을 계속해야만 한다 / 너의 건강을 위해. (keep)

→

5 내 친구는 / 가는 것을 추천한다 / 의사를 만나러. (recommend)

→

6 나는 일찍 떠나는 것을 제안한다 / 혼잡 시간대를 피하기 위해. (suggest)

→

7 너는 / 쓰는 것을 피해야 한다 / 너무 많은 돈을. (avoid)

→

8 너는 여는 것을 꺼리니 / 창문을? (mind)

→

9 많은 부부가 / 아이들을 갖는 것을 미룬다 / 요즘에는. (delay)

→

10 끝내는 것을 미루지 마라 / 너의 숙제를. (postpone)

→

Key Verbs

Key Phrases

Key Sentences

11 우리는 가는 것을 미루었다 / 소풍을 / 비 때문에. (put off)

　　→

12 그는 거짓말한 것을 인정했다 / 그리고 미안하다고 말했다. (admit)

　　→

13 그 증인은 / 본 것을 부인했다 / 그 사고를. (deny)

　　→

14 내 아내와 나는 / 사는 것을 고려하고 있다 / 새 집을. (consider)

　　→

15 나는 사는 것을 상상할 수 없다 / 나의 부모님 없이. (imagine)

　　→

16 선생님의 일은 / 돌보는 것을 포함한다 / 자신의 학생들을. (include)

　　→

17 방학 동안 내 계획은 / 봉사하는 것을 포함한다. (involve)

　　→

18 수지는 / 춤추는 것을 즐긴다 / 무대 위에서. (enjoy)

　　→

19 나는 / 절대 놓치지 않는다 / 보는 것을 / 내가 가장 좋아하는 축구팀을. (miss)

　　→

20 우리는 노래하는 것을 연습했다 / 그녀의 결혼식을 위해. (practice)

　　→

21 나는 땀 흘리지 않을 수 없다 / 더운 날씨에. (can't help)

　　→

Must-Knows! 문어법 짚어보기

꼭 알아야 할 문어법을 짚고 넘어갑니다.

동명사의 부정형은 「not[never]+동명사(구)」이다.

I admitted ~~doing not~~(→ not doing) my homework.

A 　문장구조 파악하기　다음 문장에서 주어, 동사, 목적어(구)를 찾아 밑줄을 긋고 각각 S, V, O로 표시하시오.

1　The movie finished playing at eight o'clock sharp.

2　The woman admitted making a mistake on the document.

3　My sister sometimes imagines not going to work.

B 　문장 오류 찾기　다음 각 문장의 밑줄 친 부분이 어법상 옳으면 ○, 틀리면 ×로 표시하고 바르게 고쳐 쓰시오.

1　My father avoided <u>getting</u> into a car accident.

2　My friend suggested <u>to adopt</u> a cat.

3　He practiced <u>draw</u> every day, and now he's an artist.

4　Would you mind <u>smoking not</u> here, please?

C 　문장 오류 찾기　다음 우리말에 맞도록 각 문장에서 어법상 틀린 부분을 찾아 밑줄을 긋고 바르게 고쳐 쓰시오.

1　우리는 최고의 가격으로 상품을 얻기 위해 일찍 가는 것을 추천한다.
　　We recommend to go early to get the best deals.

2　나는 추측하는 것을 포기할 테니, 부디 내게 정답을 말해줘.
　　I give up to guessing, please tell me the answer.

3　그 여자는 슬픈 영화를 본 후에 울지 않을 수 없었다.
　　The woman couldn't help to cry after watching a sad movie.

4　Rosa는 세계 기록을 간신히 깼다.
　　Rosa managed breaking the world record.

---

play 상영되다　sharp 정각에　make a mistake 실수하다　document 서류, 문서　adopt 입양하다

Write More! 응용 문장에 적용하기

새로운 응용 문장에 학습한 내용을 적용해 봅니다.

A 　[배열 영작]　다음 우리말과 일치하도록 괄호 안에 주어진 단어를 순서대로 배열하시오.

1　그는 대회에 나가기 위해 중국어로 말하는 것을 연습했다.

(the contest / he / speaking / Chinese / practiced / for)

→

2　내 이웃은 밤에 피아노 치는 것을 계속했다.

(the piano / playing / my neighbor / at night / kept)

→

3　Wagner 씨는 직업을 바꾸는 것을 고려하는 중이다.

(changing / is considering / Mr. Wagner / his job)

→

4　그녀는 치과에 가는 것을 미뤄 왔다.

(going / has put off / to / she / the dentist)

→

5　내 숙제는 부모님에게 편지 쓰는 것을 포함한다.

(to my parents / a letter / includes / writing / my homework)

→

B 　[조건 영작]　다음 우리말과 일치하도록 괄호 안의 단어를 활용하여 문장을 완성하시오. (필요시 어형 변화 및 단어 추가 가능)

1　Joshua는 가끔 화성에 가는 것을 상상한다. (to Mars, go, imagine)

→ Joshua sometimes _____ .

2　나는 미술 수업에 가는 버스를 타는 것을 놓쳤다. (miss, take, the bus)

→ _____ to art class.

3　Elena는 저녁 식사 후에 탄산음료를 마시는 것을 즐긴다. (drink, enjoy, soda)

→ _____ after dinner.

4　Jason은 그 카페에서 책 쓰는 것을 마쳤다. (his book, write, finish)

→ _____ at the cafe.

5　나는 그 서비스에 대해 불평하지 않을 수 없다. (about, complain, can't help)

→ I _____ .

s+V+to부정사(구)/ 동명사(구)

to부정사나 동명사를 목적어로 가지는 동사들 중에는
이 두 가지 모두를 가질 수 있는 것들이 있다.

이때 to부정사를 쓰든 동명사를 쓰든
의미 차이가 거의 없는 것도 있고,
앞서 살펴본 to부정사나 동명사가 가지고 있는
고유의 뜻 차이에 따라
의미 차이가 분명하게 나는 것도 있다.

> It started **to rain**. = It started **raining**. 〈to부정사 = 동명사〉
> 비가 **내리기** 시작했다.
>
> Don't forget **to listen** to the song. 〈to부정사: 미래의 일〉
> 그 노래를 **(앞으로) 들을 것을** 잊지 마라.
>
> ↕
>
> Don't forget **listening** to the song. 〈동명사: 과거의 일〉
> 그 노래를 **(과거에) 들은 것을** 잊지 마라.

그러므로, 이러한 동사들에 대해서는
목적어로 to부정사와 동명사를 취할 때
의미 차이가 있느냐 없느냐에 주목하여
알아두어야 한다.

One Page View 한 눈에 보는 Key Verbs, Phrases, & Sentences

패턴 8의 모든 내용이 이 한 페이지에 담겨 있습니다.

1 의미 차이가 거의 없는 동사

begin	falling to fall	내리기 시작하다	The snow **began** falling / to fall last night.
start	teaching to teach	가르치기 시작하다	I **started** teaching / to teach students in 2010.
continue	working to work	계속해서 작동하다	The machine **continues** working / to work all night.
intend	staying to stay	머무를 작정이다	We **intend** staying / to stay at this hotel tonight.
attempt	escaping to escape	탈출하기를 시도하다	The prisoners **attempted** escaping / to escape the prison.
like	playing to play	연주하는 것을 좋아하다	Tyler **likes** playing / to play the trumpet every night.
love	drinking to drink	마시는 것을 매우 좋아하다	I **love** drinking / to drink milk with chocolate syrup.
prefer	traveling to travel	여행 가는 것을 선호하다	My wife and I **prefer** traveling / to travel in the winter.
hate	speaking to speak	말하는 것을 싫어하다	The shy boy **hates** speaking / to speak in public.

2 의미가 달라지는 동사

remember	sending	(과거에) 보낸 것을 기억하다	I **remembered** *sending* the package.
	to send	(미래에) 보낼 것을 기억하다	I **remembered** *to send* the package
forget	meeting	(과거에) 만난 것을 잊다	He **forgot** *meeting* me this morning.
	to meet	(미래에) 만날 것을 잊다	He **forgot** *to meet* me this morning.
try	planting	시험 삼아 심어 보다	We **tried** *planting* the apple trees.
	to plant	심으려고 노력하다	We **tried** *to plant* the apple trees.
regret	saying	말한 것을 후회하다	I **regret** *saying* the fact to you.
	to say	말하게 되어 유감이다	I **regret** *to say* the fact to you.
mean	calling	전화한 것을 의미하다	It **means** *calling* Tom today.
	to call	전화할 의도이다	I **mean** *to call* Tom today.
stop	thinking	생각하는 것을 그만두다	He **stopped** *thinking* about where to go.
	*to think	생각하기 위해 멈추다	He **stopped** *to think* about where to go.

*이때 to부정사(구)는 목적어가 아니라 '목적'을 나타내는 to부정사의 부사적 용법으로 '~하기 위해 멈추다'라는 의미이다.

Key Verbs

Key Phrases

Key Sentences

Key Verbs 동사의 변화형 다지기

틀리기 쉬운 규칙, 불규칙 변화형부터 살펴봅니다.

빨간색은 주의해야 할 변화형을, 별(*)은 특히 틀리기 쉬운 변화형을 나타낸다.

원형	3인칭 단수 현재형	과거형	과거분사형	현재분사형
begin	begins	*began	*begun	beginning
continue	continues	continued	continued	continuing
like	likes	liked	liked	liking
love	loves	loved	loved	loving
prefer	prefers	preferred	preferred	preferring
hate	hates	hated	hated	hating
forget	forgets	*forgot	*forgotten	forgetting
try	tries	tried	tried	trying
regret	regrets	regretted	regretted	regretting
mean	means	*meant	*meant	meaning
stop	stops	stopped	stopped	stopping

[1-10] 다음 주어진 동사를 <u>시제와 수</u>에 맞게 적절히 변형하여 문장을 완성하시오.

1 그녀는 잡지를 읽기 **시작했다**. (begin)

She _____ to read the magazine.

2 그 기린은 먹는 것을 **멈추고** 달아났다. (stop)

The giraffe had _____ eating and ran away.

3 나는 자기 전에 물을 너무 많이 마신 것을 **후회했다**. (regret)

I _____ drinking too much water before sleeping.

4 엄마는 공기청정기를 켤 것을 **잊으셨다**. (forget)

My mom had _____ to turn on the air purifier.

5 당신을 화나게 **할 의도는** 전혀 아니**었어요**. (mean)

I never _____ to upset you.

6 그 남자는 파스타보다 피자를 먹는 것을 **선호했다**. (prefer)

The man _____ eating pizza to pasta.

7 Megan은 여행을 위해 돈을 모으**려고 노력했다**. (try)

Megan _____ to save money for her trip.

8 그들은 시험을 준비할 것을 **잊었다**. (forget)

They _____ to prepare for the test.

9 바깥 소음이 커지**기 시작했다**. (begin)

The noise outside has _____ to increase.

10 나는 내 오랜 친구를 부르**기 위해 멈췄다**. (stop)

I _____ to call my old friend.

STEP 1

Key Phrases 짧은 구 익히기

짧은 구로 기본기를 잡습니다.

[1-21] 다음 어구에 맞게 빈칸에 들어갈 단어를 쓰시오. (동사의 기본형을 사용할 것)

1 내리기 **시작하다**   b_____ f_____ [_____ f_____]

2 가르치기 **시작하다**   s_____ t_____ [_____ t_____]

3 **계속해서** 작동하다   c_____ w_____ [_____ w_____]

4 머무를 **작정이다**   i_____ s_____ [_____ s_____]

5 탈출하기**를 시도하다**   a_____ e_____ [_____ e_____]

6 연주하는 것을 **좋아하다**   l_____ p_____ [_____ p_____]

7 마시는 것을 **매우 좋아하다**   l_____ d_____ [_____ d_____]

8 여행 가는 것을 **선호하다**   p_____ t_____ [_____ t_____]

9 말하는 것을 **싫어하다**   h_____ s_____ [_____ s_____]

10 (과거에) 보낸 것을 **기억하다**   r_____ s_____

11 (미래에) 보낼 것을 **기억하다**   r_____ _____ s_____

12 (과거에) 만난 것을 **잊다**   f_____ m_____

13 (미래에) 만날 것을 **잊다**   f_____ _____ m_____

14 **시험 삼아** 심어 **보다**   t_____ p_____

15 심으려고 **노력하다**   t_____ p_____

16 말한 것을 **후회하다**   r_____ s_____

17 말하게 되어 **유감이다**   r_____ s_____

18 전화한 것을 **의미하다**   m_____ c_____

19 전화할 **의도이다**   m_____ _____ c_____

20 생각하는 것을 **그만두다**   s_____ t_____

21 생각하기 위해 **멈추다**   s_____ t_____

Key Sentences 문장 도전하기

구를 익혔으니 문장 쓰기에 도전할 수 있습니다.

[1-21] 다음 우리말을 주어진 동사를 참고하여 영작하시오.

1 눈이 / 내리기 시작했다 / 어젯밤에. (begin)

→

2 나는 가르치기 시작했다 / 학생들을 / 2010년에. (start)

→

3 그 기계는 / 계속해서 작동한다 / 밤새. (continue)

→

4 우리는 머무를 작정이다 / 이 호텔에 / 오늘 밤. (intend)

→

5 그 죄수들은 / 탈출하기를 시도했다 / 감옥을. (attempt)

→

6 Tyler는 연주하는 것을 좋아한다 / 트럼펫을 / 매일 밤. (like)

→

7 나는 마시는 것을 매우 좋아한다 / 우유를 / 초콜릿 시럽과 함께. (love)

→

8 내 아내와 나는 / 여행 가는 것을 선호한다 / 겨울에. (prefer)

→

9 그 수줍은 소년은 / 말하는 것을 싫어한다 / 사람들 앞에서. (hate)

→

10 나는 보낸 것을 기억했다 / 그 소포를. (remember)

→

11   나는 보낼 것을 기억했다 / 그 소포를. (remember)

→

12   그는 만난 것을 잊었다 / 나를 / 오늘 아침에. (forget)

→

13   그는 만날 것을 잊었다 / 나를 / 오늘 아침에. (forget)

→

14   우리는 시험 삼아 심어 보았다 / 그 사과나무들을. (try)

→

15   우리는 심으려고 노력했다 / 그 사과나무들을. (try)

→

16   나는 말한 것을 후회한다 / 그 사실을 / 네게. (regret)

→

17   나는 말하게 되어 유감이다 / 그 사실을 / 네게. (regret)

→

18   그것은 전화한 것을 의미한다 / Tom에게 / 오늘. (mean)

→

19   나는 전화할 의도이다 / Tom에게 / 오늘. (mean)

→

20   그는 / ~에 관해 생각하는 것을 그만두었다 / 어디로 갈지. (stop)

→

21   그는 / ~에 관해 생각하기 위해 멈췄다 / 어디로 갈지. (stop)

→

Must-Knows! 문어법 짚어보기

ANSWER p.14

꼭 알아야 할 문어법을 짚고 넘어갑니다.

A 맞는 어법 고르기 다음 각 네모 안에서 어법에 맞는 것을 고르시오.

1 Susan likes sing / singing along to music.

2 Stop watching / to watch TV and go to bed. It's already 11 p.m.

3 You should try eat / eating Mexican food.

4 I remember no / not replying to your text messages.

5 You will never regret to travel / traveling to another country.

B 문장 오류 찾기 다음 각 문장의 밑줄 친 부분이 어법과 문맥상 옳으면 ○, 틀리면 ✕로 표시하고 바르게 고쳐 쓰시오.

1 Peter attempted to write a poem.

2 I always forget bring an umbrella to school.

3 My little brother began to play the flute last year.

4 He never stopped buy a sandwich this morning.

C 문장 오류 찾기 다음 우리말에 맞도록 각 문장에서 어법상 틀린 부분을 찾아 밑줄을 긋고 바르게 고쳐 쓰시오.

1 Miguel은 네 기분을 상하게 할 의도가 아니었다.

   Miguel didn't mean to hurting your feelings.

2 Maria는 항상 친구들을 이해하려고 노력한다.

   Maria always tries understanding her friends.

3 비가 그치고 해가 다시 비치기 시작했다.

   It stopped to rain and the sun started to shine again.

4 외출한 후에 여러분의 손을 씻을 것을 잊지 마세요.

   Don't forget washing your hands after going out.

sing along 노래를 따라 부르다   poem (한 편의) 시

Write More! 응용 문장에 적용하기

새로운 응용 문장에 학습한 내용을 적용해 봅니다.

A 　배열 영작　 다음 우리말과 일치하도록 괄호 안에 주어진 단어를 순서대로 배열하시오.

1　 나는 조금씩 영어를 이해하기 시작했다.

(little by little / English / began / I / understand / to)

→

2　 그녀는 다른 사람들 앞에서 춤추는 것을 싫어한다.

(in front of / dance / hates / she / to / other people)

→

3　 Lisa는 여름에 조깅하는 것을 선호한다. (to / in / prefers / Lisa / jog / the summer)

→

4　 그 탐험가들은 아시아를 가로질러 걷기를 시도했다.

(across / walking / the explorers / attempted / Asia)

→

5　 우리 아버지는 액션 영화를 보는 것을 좋아하신다.

(to / action movies / my father / watch / likes)

→

B 　조건 영작　 다음 우리말과 일치하도록 괄호 안의 단어를 활용하여 문장을 완성하시오. (필요시 어형 변화 및 단어 추가 가능)

1　 미국에서 축구의 인기는 계속해서 증가한다. (grow, continue)

→ Soccer's popularity _____ in America.

2　 그 차가 다시 달리기 시작했다. (run, start)

→ The car _____ again.

3　 Julia는 저녁 식사 후에 숙제할 작정이다. (her homework, intend, do)

→ Julia _____ after dinner.

4　 Jaden은 떠나기 전에 불을 끌 것을 잊었다. (the lights, forget, turn off)

→ Jaden _____ before leaving.

5　 Zoe는 약속을 위해 일찍 떠날 것을 기억했다. (remember, the appointment, leave for)

→ Zoe _____ early.

OVERALL TEST 3

A   다음 각 네모 안에서 어법과 문맥상 맞는 것을 고르시오.

1   I don't plan to stay / staying here much longer.

2   I suggest to practice / practicing violin more often.

3   Don't delay to do / doing the housework.

4   My dad offered to buy / buying a watch for me.

5   May failed to recall / recalling the answer to the question.

6   Always remember to wear / wearing a seatbelt.

7   They postponed to travel / traveling until next summer.

8   We agreed not to spend / not spending too much money.

9   My morning habits include to read / reading the newspaper.

10 Missing my plane means to wait / waiting for six more hours.

B   다음 우리말에 맞도록 주어진 단어를 어법과 문맥상 맞게 바꿔 쓰시오.

1   나는 그 나쁜 소식을 듣게 되어 유감이다. (hear)

    → I regret _____ the bad news.

2   나는 친구에게 이 신발을 빌린 것을 기억한다. (borrow)

    → I remember _____ these shoes from my friend.

3   Sean은 3살 때 수영하기 시작했다. (swim)

    → Sean started _____ at the age of three.

4   우리 반 친구는 그 질문에 대답하기를 거부했다. (answer)

    → My classmate refused _____ the question.

5   그의 일상생활은 방과 후에 축구를 하는 것을 포함한다. (play)

    → His daily activities include _____ soccer after school.

6   Jimmy는 주말에 일찍 일어나는 것을 싫어한다. (wake up)

    → Jimmy hates _____ early on the weekend.

C 다음 각 문장의 밑줄 친 부분이 어법상 옳으면 ○, 틀리면 ✕로 표시하고 바르게 고쳐 쓰시오.

1   She admitted <u>to wear</u> my shoes two days ago.

2   I wanted <u>making</u> foreigner friends.

3   The door began <u>closing</u> on its own.

4   I determined <u>forgiving</u> his mistake.

5   Joshua imagines <u>to travel</u> to Africa one day.

6   The restaurant is preparing <u>serving</u> a buffet.

7   He loves <u>to take</u> pictures of his daughter.

8   Kenny attempted <u>making</u> a joke, but nobody laughed.

9   He doesn't hesitate <u>expressing</u> his opinion to people.

10   I'm considering <u>painting</u> the wall yellow.

D 다음 우리말과 일치하도록 괄호 안의 단어를 활용하여 문장을 완성하시오. (필요시 어형 변화 및 단어 추가 가능)

1   몇 시에 저희를 방문하실 계획이신가요? (us, visit, plan)

→ What time do you _____ ?

2   Joyce는 창문을 깨트린 것을 부인했다. (the window, break, deny)

→ Joyce _____ .

3   Sophia는 그 연극 표를 구매하기를 희망한다. (a ticket, hope, buy)

→ Sophia _____ to the play.

4   Nathan은 학교에서 지루함을 느끼지 않을 수 없었다. (bored, feel, can't help)

→ Nathan _____ at school.

5   나는 종종 나의 어린 시절 친구를 만나는 것을 상상한다. (my childhood friend, imagine, see)

→ I often _____ .

6   우리는 한 시간 이내에 산 정상에 도착하기를 기대한다. (the top, reach, expect)

→ We _____ of the mountain in one hour.

7   그 여자는 자선 단체에 그녀의 머리카락을 기부하는 것을 즐겼다. (her hair, donate, enjoy)

→ The woman _____ to charity.

8   그들은 내년까지 이사하는 것을 미루기로 결정했다. (move, put off, decide)

→ They _____ until next year.

Hang in there.
좀만 더 버텨.

A: I broke up with my boyfriend yesterday. I don't know how I'm going to live without him.
나 어제 남자친구랑 헤어졌어. 그 애 없이 어떻게 살아야 할지 모르겠어.

B: I'm sorry to hear that. Hang in there. You'll be fine.
유감이다. _____. 괜찮아질 거야.

저런, 친구가 남자친구와 헤어진 상황이네요.
친구가 매우 슬픈 것 같은데,
이럴 땐 친구에게 어떻게 위로를 해야 할까요?

동사 hang에는 '매달리다'라는 뜻이 있습니다.
사람이 무언가에 위태롭게 매달린다면 절박한 상황이겠죠.

그렇게 나온 말이 바로
Hang in there. 랍니다.

친구, 많이 힘들겠지만
조금만 더 참고 버티면, 해결될 거야.
라고 위로의 말을 전한다면 친구가 정말 힘을 얻을 거예요.

참고로, Hang in there.는
'수고해, 열심히 해'라는 뜻으로도 쓸 수 있어요.

PART

4

s+V+명사(구)+전명구 I

아래와 같은 어구들을 마치 숙어처럼 외운 적이 있는가?

> **ask A** for B
>
> A에게 B를 부탁하다
>
> **share A** with B
>
> A를 B와 나누다
>
> **prefer A** to B
>
> A를 B보다 더 좋아하다

이처럼 목적어 뒤에 for B, with B, to B처럼 특정한 전명구(부사구)를 취하는 동사들이 있다.

그 이유는 바로 동사의 의미 때문이라고 할 수 있는데,
이 부사구가 없으면 문장의 전체 의미가 좀 불완전한 경우가 있기 때문이다.

> The son **asked** his mother (**for** his lunch box).
>
> 아들은 엄마에게 부탁했다(무엇을? – 점심 도시락을).
>
> You can **share** your umbrella (**with** her).
>
> 너는 네 우산을 같이 쓸 수 있다(누구와? – 그녀와).
>
> Most people **prefer** sun (**to** rain).
>
> 대부분의 사람들은 해를 더 좋아한다(무엇보다? – 비보다).

물론, 부사구는 수식어라서 생략해도 문장이 성립하기 때문에,
부사구 내용을 문맥상 알 수 있으면 생략이 가능하고
아예 없어도 문장이 성립하기도 한다.

> There isn't an empty table. Would you mind **sharing** (with me)?
>
> 빈 테이블이 없네요. (저와) 같이 사용해도 될까요?
>
> I **mistook** his intentions.
>
> 나는 그의 의도를 오해했다.

그러나, 그렇지 않은 대부분의 경우에는 부사구를 써줘야 의미가 더 확실하다.

이러한 형태를 취하는 동사들은 그 개수가 매우 많고 자주 등장하는 것들이므로
확실히 학습할 수 있도록 두 부분으로 나누어 실었다.

One Page View 한 눈에 보는 Key Verbs, Phrases, & Sentences

1 A=B

think of A **as** B	A를 B로 여기다	I **think of** him **as** a great man.
regard A **as** B	A를 B로 여기다	Everyone **regards** him **as** a good friend.
look upon A **as** B	A를 B로 여기다	I **look upon** my teacher **as** a mentor.
view A **as** B	A를 B로 여기다	She **views** me **as** her best friend.
see A **as** B	A를 B로 여기다	I **saw** the job interview **as** a chance.
appoint A **as** B	A를 B로 임명하다	The company **appointed** Sally **as** a secretary.

2 A≠B

mistake A **for** B	A를 B로 오인[오해]하다	My grandfather **mistook** me **for** my brother.
distinguish A **from** B	A를 B와 구별하다	A mother can **distinguish** her baby **from** others.
tell A **from** B	A를 B와 구별하다	Human beings can **tell** right **from** wrong.
know A **from** B	A를 B와 구별하다	I **know** good people **from** bad people.
confuse A **with** B	A를 B와 혼동하다	A woman **confused** Carolyn **with** a sales clerk.

3 A+B

combine A **with** B	A를 B와 혼합[결합]하다	**Combine** the eggs **with** a little flour.

4 B−A: A를 B로부터 분리함을 뜻한다. B 앞에는 공통적으로 from이 쓰인다.

separate A **from** B	A를 B에서 떼어내다	I **separated** the spider's web **from** the wall.
steal A **from** B	A를 B에서 훔치다	He **stole** a painting **from** the museum.
free A **from** B	A를 B에서 빼내다[자유롭게 하다]	Many firefighters **free** people **from** a fire.

5 A→B: A를 B로 '변화시키다, 바꾸다'를 뜻한다.

turn A **into** B	A를 B로 바꾸다	Hot temperatures **turn** snow **into** rain.
exchange A **for** B	A를 B로 바꾸다	You should **exchange** your currency **for** dollars.
replace A **with** B	A를 B로 교체하다	The store **replaced** lamps **with** LED lights.

6 A? B?: A를 B와 비교하거나 더 좋아하려면 둘을 저울질해야 한다.

compare A **with** B	A를 B와 비교하다	Don't **compare** your children **with** others'.
prefer A **to** B	A를 B보다 더 좋아하다	People **prefer** a mild climate **to** a hot one.

Key Verbs 동사의 변화형 다지기

틀리기 쉬운 규칙, 불규칙 변화형부터 살펴봅니다.

빨간색은 주의해야 할 변화형을, 별(*)은 특히 틀리기 쉬운 변화형을 나타낸다.

원형	3인칭 단수 현재형	과거형	과거분사형	현재분사형
think	thinks	*thought	*thought	thinking
see	sees	*saw	*seen	seeing
mistake	mistakes	*mistook	*mistaken	mistaking
tell	tells	*told	*told	telling
know	knows	*knew	*known	knowing
confuse	confuses	confused	confused	confusing
combine	combines	combined	combined	combining
separate	separates	separated	separated	separating
steal	steals	*stole	*stolen	stealing
exchange	exchanges	exchanged	exchanged	exchanging
replace	replaces	replaced	replaced	replacing
compare	compares	compared	compared	comparing
prefer	prefers	preferred	preferred	preferring

[1-8] 다음 주어진 동사를 시제와 수에 맞게 적절히 변형하여 문장을 완성하시오.

1 그 어린 소년은 껌 한 통을 가게에서 **훔쳤다**. (steal)

The little boy has _____ a pack of gum from the store.

2 몇몇 학생들은 그 집을 전통적인 건물로 **여겼다**. (think of)

Some students _____ the house as a traditional building.

3 나는 나의 점수를 다른 사람들의 점수와 **비교하고 있었다**. (compare)

I was _____ my grade with others' grades.

4 우리 어머니는 소금을 설탕으로 **오인하셨다**. (mistake)

My mother has _____ the salt for the sugar.

5 우리 할머니께서는 노란색 꽃을 빨간색 꽃보다 **더 좋아하셨다**. (prefer)

My grandmother _____ yellow flowers to red ones.

6 그는 덜 익은 스테이크를 잘 익은 것으로 **교체하고 있었다**. (replace)

He was _____ the rare steak with the well-done one.

7 몇몇 사람들은 소문을 사실과 **혼동하고 있다**. (confuse)

Some people are _____ rumors with facts.

8 그 의사는 감기를 독감과 **구별했다**. (know)

The doctor _____ the cold from the flu.

STEP 1

Key Phrases 짧은 구 익히기

짧은 구로 기본기를 잡습니다.

[1-20] 다음 어구에 맞게 빈칸에 들어갈 단어를 쓰시오. (동사의 기본형을 사용할 것)

1 그를 멋진 남자로 여기다   **t**_____ **o**_____ h_____ **a**_____ a g_____

   m_____

2 그를 좋은 친구로 여기다   **r**_____ h_____ **a**_____ a g_____ f_____

3 내 선생님을 멘토로 여기다   **l**_____ **u**_____ m_____ t_____ **a**_____

   a m_____

4 나를 그녀의 가장 친한 친구로 여기다   **v**_____ m_____ **a**_____ h_____ b_____

   f_____

5 그 면접을 기회로 여기다   **s**_____ the j_____ i_____ **a**_____ a c_____

6 Sally를 비서로 임명하다   **a**_____ S_____ **a**_____ a s_____

7 나를 내 남동생으로 오인하다   **m**_____ m_____ **f**_____ m_____ b_____

8 그녀의 아기를 다른 아기들과 구별하다   **d**_____ h_____ b_____ **f**_____ o_____

9 옳음을 그름과 구별하다   **t**_____ r_____ **f**_____ w_____

10 좋은 사람들을 나쁜 사람들과 구별하다   **k**_____ g_____ p_____ **f**_____ b_____

   p_____

11 Carolyn을 점원과 혼동하다   **c**_____ C_____ **w**_____ a s_____ c_____

12 달걀을 약간의 밀가루와 혼합하다   **c**_____ the e_____ **w**_____ a l_____ f_____

13 거미줄을 벽에서 떼어내다   **s**_____ the s_____ w_____ **f**_____ the w_____

14 그림 한 점을 박물관에서 훔치다   **s**_____ a p_____ **f**_____ the m_____

15 사람들을 화재에서 빼내다   **f**_____ p_____ **f**_____ a f_____

16 눈을 비로 바꾸다   **t**_____ s_____ **i**_____ r_____

17 여러분의 화폐를 달러로 바꾸다   **e**_____ y_____ c_____ **f**_____ d_____

18 전등을 LED 조명으로 교체하다   **r**_____ l_____ **w**_____ LED l_____

19 여러분의 아이들을 다른 사람들의   **c**_____ y_____ c_____ **w**_____ o_____

   아이들과 비교하다

20 온난한 기후를 뜨거운 것(기후)보다   **p**_____ a m_____ c_____ **t**_____ a h_____

   더 좋아하다   o_____

Key Sentences 문장 도전하기

구를 익혔으니 문장 쓰기에 도전할 수 있습니다.

[1-20] 다음 우리말을 주어진 동사를 참고하여 영작하시오.

1 나는 그를 여긴다 / 멋진 남자로. (think of)
→

2 모든 사람이 / 그를 여긴다 / 좋은 친구로. (regard)
→

3 나는 내 선생님을 여긴다 / 멘토로. (look upon)
→

4 그녀는 나를 여긴다 / 자신의 가장 친한 친구로. (view)
→

5 나는 그 면접을 여겼다 / 기회로. (see)
→

6 그 회사는 / Sally를 임명했다 / 비서로. (appoint)
→

7 나의 할아버지는 / 나를 오인하셨다 / 내 남동생으로. (mistake)
→

8 어머니는 / 자신의 아기를 구별할 수 있다 / 다른 아기들과. (distinguish)
→

9 인간은 / 옳음을 구별할 수 있다 / 그름과. (tell)
→

10 나는 / 좋은 사람들을 구별한다 / 나쁜 사람들과. (know)
→

11 한 여자가 / Carolyn을 혼동했다 / 점원과. (confuse)

　　→

12 달걀을 혼합해라 / 약간의 밀가루와. (combine)

　　→

13 나는 / 거미줄을 떼어냈다 / 벽에서. (separate)

　　→

14 그는 / 그림 한 점을 훔쳤다 / 박물관에서. (steal)

　　→

15 많은 소방관들은 / 사람들을 빼낸다 / 화재에서. (free)

　　→

16 뜨거운 온도는 / 눈을 바꾼다 / 비로. (turn)

　　→

17 여러분은 / 여러분의 화폐를 바꿔야 한다 / 달러로. (exchange)

　　→

18 그 가게는 / 전등을 교체했다 / LED 조명으로. (replace)

　　→

19 여러분의 아이들을 비교하지 마라 / 다른 사람들의 아이들과. (compare)

　　→

20 사람들은 / 온난한 기후를 더 좋아한다 / 뜨거운 것(기후)보다. (prefer)

　　→

Must-Knows! 문어법 짚어보기

꼭 알아야 할 문어법을 짚고 넘어갑니다.

A [맞는 어법 고르기] 다음 각 네모 안에서 어법에 맞는 것을 고르시오.

1 He replaced the broken vase [with / for] a new one.

2 She didn't steal any products [from / of] the supermarket.

3 The organization appointed James [for / as] the director.

4 Lions always prefer meat [to / than] vegetables.

5 She viewed the present [as / from] his favor.

B [문장 오류 찾기] 다음 각 문장의 밑줄 친 부분이 어법상 옳으면 ○, 틀리면 ✕로 표시하고 바르게 고쳐 쓰시오.

1 The boy confused his dog <u>to</u> his neighbor's dog.

2 The movie director turned the novel <u>with</u> a film.

3 Children sometimes mistake "b" <u>for</u> "d".

4 The new TV show combined science fiction <u>for</u> romance.

C [빈칸 채우기] 다음 우리말에 맞도록 각 문장의 빈칸에 알맞은 전치사를 쓰시오.

1 Charlie는 한국어를 일본어와 구별한다.

→ Charlie knows Korean _____ Japanese.

2 그녀는 썩은 사과를 신선한 것들로 바꿨다.

→ She exchanged rotten apples _____ fresh ones.

3 우리 엄마는 때때로 나를 언니와 비교하신다.

→ My mom sometimes compares me _____ my sister.

4 짙은 안개가 그녀를 그룹에서 떼어놓았다.

→ The heavy fog separated her _____ the group.

---

broken 깨진, 부러진   vase 꽃병   organization 기관   director 관리자; 감독 cf. movie director 영화감독   favor 호의

Write More! 응용 문장에 적용하기

새로운 응용 문장에 학습한 내용을 적용해 봅니다.

A 배열 영작 다음 우리말과 일치하도록 괄호 안에 주어진 단어를 순서대로 배열하시오.

1 힌두교도들은 소를 신성한 동물로 여긴다. (as / cows / Hindus / look upon / holy animals)

→

2 나는 그의 목소리를 내 친구의 목소리와 구별할 수 없었다.

(couldn't / my friend's / from / I / his voice / tell)

→

3 대부분의 사람들은 빨간색을 부정적인 표시로 여긴다.

(a negative sign / most people / red / as / regard)

→

4 그 고객은 자신의 셔츠를 다른 것으로 교환하고 있다.

(is exchanging / another / the customer / his shirt / for)

→

5 터빈은 열에너지를 전기로 바꾼다. (into / a turbine / heat energy / electricity / turns)

→

B 조건 영작 다음 우리말과 일치하도록 괄호 안의 단어를 활용하여 문장을 완성하시오. (필요시 어형 변화 및 단어 추가 가능)

1 과학 동아리 회원들은 그녀를 회장으로 임명했다. (the president, appoint)

→ The science club members _____.

2 말하는 능력은 인간을 동물과 분리한다. (animals, separate, humans)

→ The ability to speak _____.

3 서퍼들은 주로 큰 파도를 작은 파도보다 더 좋아한다. (big waves, prefer)

→ Surfers usually _____ small waves.

4 그녀는 자신의 체중을 평균 체중과 비교했다. (the average weight, compare)

→ She _____.

5 그들은 인라인스케이트를 롤러스케이트와 혼동했다. (in-line skating, roller skating, confuse)

→ They _____.

s+V+명사(구)+전명구 Ⅱ

앞부분에 이어서 A와 B의 관계가 비슷한 것끼리
분류하여 학습해 나가도록 한다.

A, B에서 A는 대부분 '~을, 를'로 해석되는 직접목적어에 해당하는데,
여기에서는 그렇지 않은 것들도 포함하여 학습한다.

대표적인 것으로는 rob A of B, inform A of B가 있다.

rob A of B:
   A에게서 B를 강탈하다[빼앗다]
   A를 B에게서 강탈하다 (×)

cf. steal A from B: A를 B로부터 훔치다

inform A of B:
   A에게 B를 알리다
   A를 B에게 알리다 (×)

우리말로는 강탈하거나 알리는 것, 즉 직접목적어를
A자리에 쓰는 것이 익숙하기 때문에
영어로 쓸 때 A, B를 서로 바꿔 쓰기 쉬우므로
주의해야 한다.

이 외에도 A가 '의미상 주어와 같은 역할'을 하는 것과
B가 '원인'에 해당하는 것 등 주의해야 할 것들을 알아보자.

One Page View 한 눈에 보는 Key Verbs, Phrases, & Sentences

Key Verbs
Key Phrases
Key Sentences

1 A-B: A로부터 B를 '빼앗다, 없애다'를 뜻한다. B 앞에는 공통적으로 of가 쓰이는 것에 주의하자.

rob A **of** B	A에게서 B를 강탈하다[빼앗다]	The man boldly **robs** travelers **of** their wallets.
deprive A **of** B	A에게서 B를 빼앗다	Many concerns may **deprive** you **of** sleep.
clear A **of** B	A에게서 B를 치우다	The vacuum cleaner **clears** the floor **of** dust.

2 A✕B: A가 B를 하지 못하게 하는 것이다. B 앞에는 공통적으로 from이 쓰인다.

keep A **from** B	A가 B하는 것을 못하게 하다	This spray **keeps** mosquitoes **from** biting you.
prevent A **from** B	A가 B하는 것을 막다	The guards **prevent** fans **from** running forward.
stop A **from** B	A가 B하는 것을 막다	The fence **stops** people **from** walking on the grass.

3 B=원인: B 앞에는 대개 for가 쓰인다.

blame A **for** B	B에 대해 A를 비난하다	He **blames** coal power plants **for** the fine dust.
accuse A **of** B	A를 B로 비난[고발]하다	The professor **accused** him **of** cheating.
punish A **for** B	B에 대해 A를 벌하다	Most nations **punish** anyone **for** stealing items.
thank A **for** B	B에 대해 A에게 감사하다	I'd like to **thank** everyone **for** supporting me.

4 A에게 B를 주다

provide A **with** B	A에게 B를 제공하다	The government **provided** them **with** food.
supply A **with** B	A에게 B를 제공하다	The hotel **supplies** guests **with** breakfast.
inform A **of** B	A에게 B를 알리다	The teacher **informs** students **of** the answers.
remind A **of** B	A에게 B를 상기시키다	The app **reminds** me **of** the deadline for homework.

5 A를 B에게 말하다: B 앞에는 공통적으로 to가 쓰인다.

say A **to** B	A를 B에게 말하다	I should **say** sorry **to** Mike first.
explain A **to** B	A를 B에게 설명하다	The manager **explained** the robbery **to** the police.
describe A **to** B	A를 B에게 묘사하다	Can you **describe** the accident **to** me?
introduce A **to** B	A를 B에게 소개하다	She **introduced** herself **to** her classmates.
suggest A **to** B	A를 B에게 제안하다	Sarah **suggested** a solution **to** her coworker.
propose A **to** B	A를 B에게 제안하다	David **proposed** a good idea **to** his boss.

6 기타

ask A **for** B	A에게 B를 부탁[요청]하다	I usually **ask** my mentor **for** some advice.
share A **with** B	A를 B와 나누다[공유하다]	You can **share** your experience **with** friends.
help A **with** B	A가 B하는 것을 돕다	I **helped** my grandmother **with** carrying the box.
adapt A **to** B	A를 B에 적응시키다	The igloos **adapt** the Inuit **to** cold winters.

STEP 0

Key Verbs 동사의 변화형 다지기

틀리기 쉬운 규칙, 불규칙 변화형부터 살펴봅니다.

빨간색은 주의해야 할 변화형을, 별(*)은 특히 틀리기 쉬운 변화형을 나타낸다.

원형	3인칭 단수 현재형	과거형	과거분사형	현재분사형
rob	robs	robbed	robbed	robbing
deprive	deprives	deprived	deprived	depriving
keep	keeps	*kept	*kept	keeping
stop	stops	stopped	stopped	stopping
blame	blames	blamed	blamed	blaming
accuse	accuses	accused	accused	accusing
provide	provides	provided	provided	providing
supply	supplies	supplied	supplied	supplying
say	says	*said	*said	saying
describe	describes	described	described	describing
introduce	introduces	introduced	introduced	introducing
propose	proposes	proposed	proposed	proposing
share	shares	shared	shared	sharing

[1-10] 다음 주어진 동사를 시제와 수에 맞게 적절히 변형하여 빈칸을 완성하시오.

1 그 도둑은 방금 내게서 모든 것을 **강탈했다**. (rob)

The thief has just _____ me of everything.

2 Lily는 그 비밀을 친구와 **공유하고 있다**. (share)

Lily is _____ the secret with her friend.

3 그는 그 문제를 아빠에게 **묘사하고 있다**. (describe)

He is _____ the problem to his dad.

4 그 행사에서는 참가자들에게 물을 **제공하고 있을 것이다**. (provide)

The event will be _____ participants with water.

5 나의 아버지는 큰 소리로 말한 것에 대해 남동생을 **비난하고 계셨다**. (blame)

My father was _____ my brother for talking loudly.

6 그녀는 아들이 밖에서 늦게까지 있는 것을 **못하게 했다**. (keep)

She _____ her son from staying out late.

7 기장은 자신을 승객들에게 **소개하고 있다**. (introduce)

The captain is _____ himself to the passengers.

8 그 여행에서는 그들에게 점심을 **제공했다**. (supply)

The tour _____ them with lunch.

9 태풍은 우리 보트가 항해하는 것을 **막았다**. (stop)

The typhoon _____ our boat from sailing.

10 그는 할아버지께 안부를 **전했다**. (say)

He _____ hello to his grandfather.

STEP 1

Key Phrases 짧은 구 익히기

짧은 구로 기본기를 잡습니다.

[1-24] 다음 어구에 맞게 빈칸에 들어갈 단어를 쓰시오. (동사의 기본형을 사용할 것)

1 여행객들에게서 그들의 지갑을 **강탈하다** r_____ t_____ **o** _____ t_____ w_____

2 여러분에게서 잠을 **빼앗다** d_____ y_____ **o** _____ s_____

3 바닥에서 먼지를 **치우다** c_____ the f_____ **o** _____ d_____

4 모기가 무는 것을 **못하게 하다** k_____ m_____ **f** _____ b_____

5 팬들이 뛰어나가는 것을 **막다** p_____ f_____ **f** _____ r_____ f_____

6 사람들이 걷는 것을 **막다** s_____ p_____ **f** _____ w_____

7 미세먼지에 대해 석탄 발전소를 **비난하다** b_____ c_____ p_____ p_____ **f** _____
the f_____ d_____

8 그를 부정행위를 한 것으로 **비난하다** a_____ h_____ **o** _____ c_____

9 물건을 훔친 것에 대해 누구든 **벌하다** p_____ a_____ **f** _____ s_____ i_____

10 지원해준 것에 대해 모두에게 **감사하다** t_____ e_____ **f** _____ s_____

11 그들에게 음식을 **제공하다** p_____ t_____ **w** _____ f_____

12 투숙객에게 아침을 **제공하다** s_____ g_____ **w** _____ b_____

13 학생들에게 정답을 **알리다** i_____ s_____ **o** _____ the a_____

14 나에게 마감 기한을 **상기시키다** r_____ m_____ **o** _____ the d_____

15 미안하다고 Mike에게 **말하다** s_____ s_____ **t** _____ M_____

16 강도 사건을 경찰에게 **설명하다** e_____ the r_____ **t** _____ the p_____

17 그 사고를 내게 **묘사하다** d_____ the a_____ **t** _____ m_____

18 그녀 자신을 그녀의 반 친구들에게 **소개하다** i_____ h_____ **t** _____ h_____ c_____

19 해결책을 그녀의 동료에게 **제안하다** s_____ a s_____ **t** _____ h_____ c_____

20 좋은 생각을 그의 상사에게 **제안하다** p_____ a g_____ i_____ **t** _____ h_____
b_____

21 나의 멘토에게 약간의 조언을 **부탁하다** a_____ m_____ m_____ **f** _____ s_____
a_____

22 여러분의 경험을 친구들과 **나누다** s_____ y_____ e_____ **w** _____ f_____

23 우리 할머니께서 나르시는 것을 **돕다** h_____ m_____ g_____ **w** _____ c_____

24 이누이트족을 추운 겨울에 **적응시키다** a_____ the I_____ **t** _____ c_____ w_____

Key Sentences 문장 도전하기

구를 익혔으니 문장 쓰기에 도전할 수 있습니다.

[1-24] 다음 우리말을 주어진 동사를 참고하여 영작하시오.

1 그 남자는 / 대담하게 여행객들에게서 강탈한다 / 그들의 지갑을. (rob)
→

2 많은 걱정들이 / 여러분에게서 빼앗을지도 모른다 / 잠을. (deprive)
→

3 그 진공청소기는 / 바닥에서 치운다 / 먼지를. (clear)
→

4 이 스프레이는 / 모기를 못하게 한다 / 여러분을 무는 것을. (keep)
→

5 경호원들은 / 팬들을 막는다 / 뛰어나가는 것을. (prevent)
→

6 그 울타리는 / 사람들을 막는다 / 잔디 위를 걷는 것을. (stop)
→

7 그는 / 석탄 발전소를 비난한다 / 미세먼지에 대해. (blame)
→

8 그 교수님은 / 그를 비난했다 / 부정행위를 한 것으로. (accuse)
→

9 대부분의 국가는 / 누구든 벌한다 / 물건을 훔친 것에 대해. (punish)
→

10 나는 / 모두에게 감사하고 싶다 / 나를 지원해준 것에 대해. (thank)
→

11 정부는 / 그들에게 제공했다 / 음식을. (provide)
→

12 그 호텔은 / 투숙객에게 제공한다 / 아침을. (supply)

→

13 그 선생님은 / 학생들에게 알린다 / 정답을. (inform)

→

14 그 앱은 / 나에게 상기시킨다 / 마감 기한을 / 숙제의. (remind)

→

15 나는 / 미안하다고 말해야 한다 / Mike에게 / 먼저. (say)

→

16 그 관리인은 / 강도 사건을 설명했다 / 경찰에게. (explain)

→

17 당신은 묘사할 수 있나요 / 그 사고를 / 내게? (describe)

→

18 그녀는 / 그녀 자신을 소개했다 / 그녀의 반 친구들에게. (introduce)

→

19 Sarah는 / 해결책을 제안했다 / 그녀의 동료에게. (suggest)

→

20 David는 / 좋은 생각을 제안했다 / 그의 상사에게. (propose)

→

21 나는 / 주로 나의 멘토에게 부탁한다 / 약간의 조언을. (ask)

→

22 여러분은 / 여러분의 경험을 나눌 수 있다 / 친구들과. (share)

→

23 나는 / 우리 할머니를 도왔다 / 상자를 나르시는 것을. (help)

→

24 이글루는 / 이누이트족을 적응시킨다 / 추운 겨울에. (adapt)

→

Must-Knows! 문어법 짚어보기

꼭 알아야 할 문어법을 짚고 넘어갑니다.

A 　맞는 어법 고르기　다음 각 네모 안에서 어법에 맞는 것을 고르시오.

1　The new policy prevents people from / for smoking.

2　The manager informs us for / of the interview date.

3　A teacher explained global warming to / for the students.

4　The stranger deprived the girl from / of her precious necklace.

B 　문장 오류 찾기　다음 각 문장의 밑줄 친 부분이 어법상 옳으면 ○, 틀리면 ✕로 표시하고 바르게 고쳐 쓰시오.

1　The flight attendant provided the man a blanket.

2　Tom blamed himself for his bad grade.

3　This picture reminds me our traveling.

4　The bad weather stopped us of going hiking.

C 　빈칸 채우기　〈보기〉에서 각각의 전치사가 들어가는 것을 골라 그 번호를 쓰시오.

〈보기〉　① You may ask me _____ help at any time.
　　　　② My brave dad cleared the house _____ rats.
　　　　③ My teacher helped me _____ improving my English.
　　　　④ She thanked the neighbors _____ finding her dog.
　　　　⑤ I'll introduce my favorite things _____ you.
　　　　⑥ Some people share their money _____ poor people.

1　for: _____　　2　with: _____　　3　to: _____　　4　of: _____

policy 정책, 제도　global warming 지구 온난화　stranger 낯선 사람　precious 소중한; 값비싼　flight attendant 승무원　blanket 담요　rat 쥐

Write More! 응용 문장에 적용하기

새로운 응용 문장에 학습한 내용을 적용해 봅니다.

A **배열 영작** 다음 우리말과 일치하도록 괄호 안에 주어진 단어를 순서대로 배열하시오.

1 나와 내 친구는 누군가를 새치기한 것으로 비난했다.

(cutting / someone / in line / my friend and I / of / accused)

→

2 에스컬레이터의 손잡이는 사람들이 떨어지는 것을 막는다.

(prevents / from / an escalator / people / of / falling down / the handrail)

→

3 그 교수님은 그 이론을 반 전체에게 설명했다.

(described / the class / the professor / to / the theory)

→

4 그 도둑은 빈집에서 모든 귀중품을 털었다.

(robbed / of / the thief / all valuables / the empty house)

→

5 라벤더의 향기는 Jane에게 할머니를 생각나게 했다.

(of / reminded / lavender / of / her grandmother / Jane / the smell)

→

B **조건 영작** 다음 우리말과 일치하도록 괄호 안의 단어를 활용하여 문장을 완성하시오. (필요시 어형 변화 및 단어 추가 가능, 「S+V+명사(구)+전명구」의 형태로 쓸 것)

1 그녀는 마감 기한의 연장을 선생님께 제안했다. (the deadline extension, propose)

→ She _____ her teacher.

2 엄마는 꽃병을 깬 것에 대해 나를 벌하셨다. (the vase, punish, break)

→ My mom _____ .

3 낙타의 혹은 그것(낙타)을 건조한 사막에 적응시킨다. (the dry desert, it, adapt)

→ A camel's hump _____ .

4 그 여자는 점원에게 더 큰 사이즈를 요청했다. (a larger size, the clerk, ask)

→ The woman _____ .

5 그 남자는 그녀가 화장실 찾는 것을 도왔다. (the bathroom, help, find)

→ The man _____ .

s+V+that절

동사 뒤에 목적어의 형태로는
명사, to부정사, 동명사가 가능하다는 것을
앞에서 살펴보았다.
이 패턴에서는 또 다른 형태로서
that절을 목적어로 취할 수 있는 동사들에 대해 알아본다.

목적어가 될 수 있는 것은 명사이므로 이때의 that절은 명사절이다.

> I **know** *his number*.
> 　　　　　명사
>
> 나는 그의 전화번호를 알고 있다.
>
> I **know** / *that you did your best*.
> 　　　　　　　　명사절
>
> 나는 알고 있다 / 네가 최선을 다했다는 것을.

that절에 대해 더 자세히 알아보자면,
절이란 위와 같이 문장의 일부(목적어 등)이면서
자체 내에 「주어+동사 ~」의 구조를 가지고 있는 것이다.

　　　　　　　　　┌ that절(목적어)
I **know** / [*that you did your best*].
　　　　　　　 주어　동사

또한, 절이 문장의 일부가 되려면 접속사가 필요한데,
여기서는 그 역할을 하는 것이 that이다.
위와 같이 목적어가 되는 명사절을 이끌 때
접속사 that은 자주 생략된다는 것도 같이 알아두자.

I know you *did your best*.

One Page View 한 눈에 보는 Key Verbs, Phrases, & Sentences

that절을 목적어로 하는 동사들도 아래와 같이 의미적으로 크게 구분할 수 있다.
목적어절을 이끄는 명사절 접속사 that은 문장에서 흔히 생략된다.

1 알다, 생각하다 류

that절 내용에 대한 주어의 생각, 감정 등으로서 다른 사람에게 공개적이지 않은 의미의 동사

know that ~	~을 알다	I just **knew** *that* he got married.
realize that ~	~을 알아차리다	I **realized** *that* the woman was crying.
find that ~	~을 알다[깨닫다]	He **finds** *that* he made a mistake.
think that ~	~라고 생각하다	Do you **think** *that* they'll come?
believe that ~	~을 (사실이라고) 생각하다	I **believe** *that* children are pure.
expect that ~	~을 예상[기대]하다	Children **expect** *that* it snows on Christmas.
hope that ~	~을 바라다	Everyone **hopes** *that* there will be no war anymore.
accept that ~	~을 받아들이다	We should **accept** *that* we are not perfect.
decide that ~	~을 결정[결심]하다	Jenny **decided** *that* she would travel to India.
fear that ~	~을 두려워하다	We **fear** *that* a thief might break into our house.
worry that ~	~을 걱정하다	They **worry** *that* smartphones are bad for their children.

2 말하다 류

that절 내용을 다른 이들에게 공개적으로 전달하는 의미의 동사

say that ~	~을 말하다	The newspaper **says** *that* it will rain a lot this summer.
reply that ~	~을 대답하다	We **replied** *that* we could go to the party.
argue that ~	~을 주장하다	Galileo Galilei **argued** *that* the earth was round.
deny that ~	~을 부인[거부]하다	The student **denied** *that* he had cheated on a test.
promise that ~	~을 약속하다	I **promised** *that* I would never be late again.
warn that ~	~을 경고하다	NASA **warned** *that* global warming is getting serious.
agree that ~	~을 동의하다	Everyone **agrees** *that* elections must be fair.
explain that ~	~을 설명하다	She **explained** *that* she was late because of traffic.
show that ~	~을 보여주다	The evidence **showed** *that* he was innocent.

3 명령[요구, 제안, 주장]하다 류

'명령, 요구, 제안, 주장 등'을 나타내는 동사 다음에 오는 that절에는 「(should)+동사원형」을 쓴다.
(*e.g.* order(~을 명령하다), demand, require, request, ask(~을 요구하다), propose, suggest(~을 제안하다), insist(~을 주장[고집]하다),
recommend(~을 추천하다))

order that ~ **(should)**	~을 명령하다	The king **ordered** *that we (should) rebuild the palace.*
request that ~ **(should)**	~을 요청[요구]하다	My boss **requested** *that I (should) correct the error.*
suggest that ~ **(should)**	~을 제안하다	My coach **suggested** *that I (should) take a rest.*
insist that ~ **(should)**	~을 주장[고집]하다	I **insisted** *that she (should) come to the meeting.*

Key Verbs 동사의 변화형 다지기

틀리기 쉬운 규칙, 불규칙 변화형부터 살펴봅니다.

빨간색은 주의해야 할 변화형을, 별(*)은 특히 틀리기 쉬운 변화형을 나타낸다.

원형	3인칭 단수 현재형	과거형	과거분사형	현재분사형
know	knows	*knew	*known	knowing
realize	realizes	realized	realized	realizing
find	finds	*found	*found	finding
think	thinks	*thought	*thought	thinking
believe	believes	believed	believed	believing
hope	hopes	hoped	hoped	hoping
decide	decides	decided	decided	deciding
worry	worries	worried	worried	worrying
say	says	said	said	saying
reply	replies	replied	replied	replying
argue	argues	argued	argued	arguing
deny	denies	denied	denied	denying
promise	promises	promised	promised	promising
show	shows	showed	*shown	showing

[1-7] 다음 주어진 동사를 <u>시제와 수</u>에 맞게 적절히 변형하여 빈칸을 완성하시오.

1 John은 그 컴퓨터가 다시 고장이 날까 봐 **걱정한다.** (worry)

John _____ that the computer will break again.

2 그 여자는 그 돈을 훔쳤다는 것을 **부인한다.** (deny)

The woman _____ that she had stolen the money.

3 많은 사람들은 그 치료법이 가치가 있**다고 생각해 왔다.** (think)

Many people have _____ the treatment is worthwhile.

4 몇몇 영어 선생님들은 문법이 중요하지 않다는 것을 **주장하고 있다.** (argue)

Some English teachers are _____ that grammar is not important.

5 그는 그 처벌이 충분히 엄중하다는 것을 **발견했다.** (find)

He _____ that the punishment was strict enough.

6 그 보고서는 빙하가 점점 더 작아지고 있다는 것을 **보여줬다.** (show)

The report has _____ that the glacier is getting smaller.

7 그는 자신의 팀이 우승할 거라는 것을 **알았다.** (know)

He has _____ that his team would win the championship.

STEP 1

Key Phrases 짧은 구 익히기

짧은 구로 기본기를 잡습니다.

[1-24] 다음 어구에 맞게 빈칸에 들어갈 단어를 쓰시오. (동사의 기본형을 사용할 것)

1	~을 알다	k_____ t_____ ~
2	~을 알아차리다	r_____ t_____ ~
3	~을 알다[깨닫다]	f_____ t_____ ~
4	~라고 생각하다	t_____ t_____ ~
5	~을 (사실이라고) 생각하다	b_____ t_____ ~
6	~을 예상[기대]하다	e_____ t_____ ~
7	~을 바라다	h_____ t_____ ~
8	~을 받아들이다	a_____ t_____ ~
9	~을 결정[결심]하다	d_____ t_____ ~
10	~을 두려워하다	f_____ t_____ ~
11	~을 걱정하다	w_____ t_____ ~
12	~을 말하다	s_____ t_____ ~
13	~을 대답하다	r_____ t_____ ~
14	~을 주장하다	a_____ t_____ ~
15	~을 부인[거부]하다	d_____ t_____ ~
16	~을 약속하다	p_____ t_____ ~
17	~을 경고하다	w_____ t_____ ~
18	~을 동의하다	a_____ t_____ ~
19	~을 설명하다	e_____ t_____ ~
20	~을 보여주다	s_____ t_____ ~
21	~을 명령하다	o_____ t_____ ~ (s_____)
22	~을 요청[요구]하다	r_____ t_____ ~ (s_____)
23	~을 제안하다	s_____ t_____ ~ (s_____)
24	~을 주장[고집]하다	i_____ t_____ ~ (s_____)

Key Sentences 문장 도전하기

구를 익혔으니 문장 쓰기에 도전할 수 있습니다.

[1-24] 다음 우리말을 주어진 동사를 참고하여 영작하시오. (단, 접속사 that을 쓸 것)

1 나는 / 방금 알았다 / 그가 결혼한 것을. (know)

→

2 나는 알아차렸다 / 그 여자가 울고 있는 것을. (realize)

→

3 그는 알고 있다 / 자신이 실수했다는 것을. (find)

→

4 너는 생각하니 / 그들이 올 거라고? (think)

→

5 나는 생각한다 / 아이들이 순수하다고. (believe)

→

6 아이들은 기대한다 / 눈이 오는 것을 / 크리스마스에. (expect)

→

7 모든 사람들은 바란다 / 더 이상 전쟁이 없기를. (hope)

→

8 우리는 / 받아들여야 한다 / 우리가 완벽하지 않다는 것을. (accept)

→

9 Jenny는 결심했다 / 그녀가 여행 갈 것을 / 인도로. (decide)

→

10 우리는 두려워한다 / 도둑이 침입할지도 모른다는 것을 / 우리 집으로. (fear)

→

11 그들은 걱정한다 / 스마트폰이 나쁘다는 것을 / 자신들의 아이들에게. (worry)

→

Key Verbs | Key Phrases | Key Sentences

12 그 신문에서는 / 말한다 / 비가 많이 올 거라고 / 이번 여름에. (say)
→

13 우리는 대답했다 / 우리가 갈 수 있다는 것을 / 그 파티에. (reply)
→

14 Galileo Galilei는 / 주장했다 / 지구가 둥글다는 것을. (argue)
→

15 그 학생은 / 부인했다 / 자신이 부정행위를 했다는 것을 / 시험에서. (deny)
→

16 나는 약속했다 / 내가 결코 늦지 않을 거라고 / 다시는. (promise)
→

17 NASA는 경고했다 / 지구 온난화가 심각해지고 있다고. (warn)
→

18 모든 사람들은 동의한다 / 선거가 공정해야만 한다는 것을. (agree)
→

19 그녀는 설명했다 / 그녀가 늦었다는 것을 / 교통체증으로. (explain)
→

20 그 증거는 / 보여줬다 / 그가 결백하다는 것을. (show)
→

21 그 왕은 / 명령했다 / 우리가 다시 지어야 한다는 것을 / 궁전을. (order)
→

22 내 상사는 / 요청했다 / 내가 고쳐야 한다는 것을 / 오류를. (request)
→

23 내 코치님은 / 제안하셨다 / 내가 쉬어야 한다는 것을. (suggest)
→

24 나는 주장했다 / 그녀가 와야 한다는 것을 / 회의에. (insist)
→

꼭 알아야 할 문어법을 짚고 넘어갑니다.

A

맞는 어법 고르기 다음 각 문장에서 명사절 접속사 that이 들어갈 알맞은 곳을 찾아 고르시오.

1 My dad found (①) my brother (②) was playing (③) instead of (④) studying.

2 The journalist (①) explains (②) his article (③) was not (④) accurate.

3 I (①) think (②) the best book (③) in the series (④) was the first one.

4 They believe (①) eating (②) the special food (③) can cure (④) their disease.

that은 명사절 접속사 외에도 지시형용사, 지시대명사 등으로 쓰인다. 지시형용사는 명사를 꾸미고, 지시대명사는 그 자체로 주어, 목적어, 보어의 역할을 하고, 접속사는 「주어+동사」를 이끈다. 이러한 특징들로 that의 쓰임을 명확하게 구분해 보자.

〈지시형용사〉	〈지시대명사〉
They found / that the woman / wore / **that** *hat*.	I think / (that) **that** *is* / the best way to relax.
그들은 알았다 / 그 여자가 ~라는 것을 / 썼다 / **저** 모자를	나는 생각한다 / **저것이** ~이다(라는 것을) / 긴장을 푸는 최고의 방법

B

의미 파악하기 다음 밑줄 친 that의 의미로 알맞은 것을 〈보기〉에서 골라 그 번호를 쓰시오.

〈보기〉　① 저(지시형용사)　② 저것(지시대명사)　③ ~라는 것(명사절 접속사)

1 Most people still remember <u>that</u> dog on the stage.

2 He argues <u>that</u> he can get a better grade.

3 My daughter prefers this doll to <u>that</u> doll.

4 Stephen Hawking believed <u>that</u> there were many universes.

5 <u>That</u> is the perfect present for my father.

6 My mom ordered <u>that</u> we be ready to leave by 6 a.m.

7 My teacher requested <u>that</u> all students should be quiet.

8 Some researchers warn that <u>that</u> is getting bad.

instead of ~대신에　journalist 기자　article 기사　accurate 정확한　cure 치료하다　disease 질병　researcher 연구원

Write More! 응용 문장에 적용하기

새로운 응용 문장에 학습한 내용을 적용해 봅니다.

A 배열 영작 다음 우리말과 일치하도록 괄호 안에 주어진 단어를 순서대로 배열하시오.

1 코치님은 우리가 더 열심히 노력해야 한다고 주장한다.

(we / the coach / should try / argues / harder / that)

→

2 나는 그가 내 지갑을 가져간 것을 알았다. (that / he / I / took / found / my wallet)

→

3 그 소녀는 모든 구름은 은빛 안감을 가진다(고생 끝에 낙이 온다)는 것을 믿는다.

(every cloud / believes / a silver lining / has / that / the girl)

→

4 그는 자신이 숙제를 끝내지 못한 것을 걱정했다.

(he / that / his homework / worried / couldn't finish / he)

→

5 우리 반은 이번 주말에 비가 오지 않기를 희망한다.

(this weekend / hopes / my class / it / that / won't rain)

→

B 조건 영작 다음 우리말과 일치하도록 괄호 안의 단어를 활용하여 문장을 완성하시오. (필요시 어형 변화 및 단어 추가 가능, 「S+V+that절」의 형태로 쓸 것)

1 그 남자는 자신의 마을에 강도 사건이 있다는 것을 부인했다. (a theft, be, there, deny)

→ The man _____ in his village.

2 몇몇 학생들은 학교가 주말에 도서관을 개방해야 한다고 요청한다. (the library, open, school)

→ Some students request _____ on weekends.

3 의사들은 사람들이 손을 씻지 않아서 감기에 걸린다는 것을 경고한다. (colds, get, warn)

→ Doctors _____ by not washing their hands.

4 그 연구는 치즈를 매우 좋아하는 사람들이 더 오래 산다는 것을 보여준다. (longer, cheese lovers, show)

→ The research _____.

5 한 선생님께서는 학생들이 줄을 서야 한다고 명령하셨다. (stand in line, students, order)

→ A teacher _____.

OVERALL TEST 4

A 다음 각 네모 안에서 어법과 문맥상 맞는 것을 고르시오.

1 A waitress cleared the table from / of the empty water bottle.
2 The witness supplied the police with / of the information.
3 You should say thank you to / for the helpful people.
4 This machine turns chopped wood for / into good paper.
5 The teacher explains how to read music for / to his students.
6 The e-mail informed me for / of the delivery date.

B 다음 우리말에 맞도록 〈보기〉에서 알맞은 구문을 고른 후 괄호 안의 어구를 활용해 영작하시오. (단, 시제와 형태에 유의할 것)

〈보기〉 accuse A of B	provide A with B	thank A for B
help A with B	show that	demand that

1 Amy는 친구가 산을 오르는 것을 도왔다. (climb up, her friend)

→ Amy _____ the mountain.

2 그 발자국은 도둑이 창문 밖으로 나간 것을 보여줬다. (go out, the thief)

→ The footprint _____

the window.

3 이 앱은 사람들에게 외국인과 대화할 기회를 제공한다. (the opportunity)

→ This app _____

to talk with foreigners.

4 엄마가 나를 거짓말한 것으로 비난하셨다. (tell a lie)

→ My mom _____.

5 그 여행사는 여행객들이 여권을 가져와야 한다는 것을 요구했다.

(bring, the travelers, their passport)

→ The travel agency _____.

6 Sean은 지갑을 찾아준 것에 대해 자신의 친구에게 고마워한다. (his wallet, find, his friend)

→ Sean _____.

C 다음 우리말과 일치하도록 괄호 안에 주어진 단어를 순서대로 배열하시오.

1   Eric은 Sarah가 매우 관대하다고 생각했다. (generous / was / thought / so / Sarah / Eric)

→

2   몇몇 학교들은 교과서를 전자책으로 교체했다.

(with / some schools / textbooks / replaced / e-books)

→

3   그 게임은 학생들이 공부에 집중하는 것을 막는다.

(focusing on / students / from / their study / prevents / the game)

→

4   나는 내 친구가 다음번에는 더 잘할 것을 바란다.

(that / next time / will do / a friend of mine / hope / better / I)

→

5   어떤 사람들은 전통 시장을 슈퍼마켓보다 더 좋아한다.

(traditional markets / some people / to / prefer / supermarkets)

→

D 다음 우리말과 일치하도록 괄호 안의 단어를 활용하여 문장을 완성하시오. (필요시 어형 변화 및 단어 추가 가능)

1   많은 사람들이 자신들의 애완동물을 가족 구성원으로 여긴다. (their pets, regard)

→ Many people _____ family members.

2   Kelly는 내가 매일 조깅하러 가야 한다는 것을 제안했다. (go jogging, propose)

→ Kelly _____ everyday.

3   어떤 사람들은 쉽게 행복을 돈과 혼동한다. (happiness, confuse)

→ Some people easily _____.

4   우리는 바닥에 쓰레기를 버린 것에 대해 다른 누군가를 비난했다.

(throw, someone else, blame)

→ We _____ trash on the ground.

5   Tom은 자신이 축구공으로 창문을 깬 것을 부인했다. (the window, deny, break)

→ Tom _____ with a soccer ball.

A little bird told me.
누군가한테 들었는데.

A: A little bird told me that you're seeing David.
_____ 너 David랑 만난다며?

B: Who said that? Please don't tell anyone. No one knows yet.
누가 그래? 제발 아무에게도 말하지 마. 아직 아무도 모르거든.

친구가 어떤 소식을 누군가에게 들었나 봅니다.
그런데 작은 새가 알려주다니 무슨 뜻일까요?

누군가에게 소문이나 이야기를 들었는데,
누가 알려줬는지 출처를 밝히고 싶지 않을 때
우리말로는 '누가 그러던데…' '어디서 들었는데…' 라는 표현을 사용하는데요.

이처럼 '소문으로 들었어, 어디선가 들었어'라고 말하고 싶을 때는
영어로는 **A little bird told me.** 라는 표현을 써 보세요.

PART

5

PATTERN 12

s+V+명사(구)¹+명사(구)² I

'~에게 …을[를] 주다'의 의미를 갖는 동사는 흔히
「동사+목적어(…을[를])+전명구(~에게)」의 문형을 취한다.

> I gave **the money** *to Sam*.
>   목적어(돈을)   전명구(Sam에게)

그런데 이와 같은 의미를 갖는 동사 중의 일부는
아래와 같은 문형을 취할 수도 있다.

> I gave *Sam* **the money**.
>   명사¹(Sam에게)   명사²(돈을)

이때 명사¹(~에게)에 해당하는 것을 '간접목적어(IO)',
명사²(~을[를])에 해당하는 것을 '직접목적어(DO)'라 한다.
이 문형에서 「s+V+명사+전명구」의 문형으로 전환이 가능한데,
이때 '~에게'를 만드는 전명구에 쓰이는 전치사는
동사에 따라 to가 오기도 하고 for, of가 오기도 한다.

여기에서는 우선 to가 오는 동사들과
to, for 둘 다 올 수 있는 동사들을 중심으로 익혀본다.

🔹 Learn More

대화나 글쓰기를 할 때 위 두 가지 문형 중 어느 것을 취하느냐는 대개 다음과 같다.

1. 더 중요한 것을 뒤에 둔다.
   - A: Whom did you give *the money* to?
   - B: I gave *it* **to Sam**.

     ('누구'에게 줬는지를 물었으므로 대답에서는 the money보다 to Sam이 중요하다.)

   - A: What did you give to *Sam*?
   - B: I gave *him* **the money**.

     ('무엇'을 줬는지를 물었으므로 대답에서는 Sam보다 the money가 중요하다.)

2. '~에게'가 수식어구를 동반하여 '…을[를]'보다 길 때 뒤에 위치한다.

   He bought a gift **for his niece** [*who lives in Australia*].
            목적어   전명구

One Page View 한 눈에 보는 Key Verbs, Phrases, & Sentences

1 「V+명사+전명구」로 전환 시 전치사 to를 사용하는 동사

give	A B B *to* A	A에게 B를 주다	The guests **gave** him some tips. The guests **gave** some tips *to* him.
hand	A B B *to* A	A에게 B를 건네주다	Would you **hand** me the salt, please? Would you **hand** the salt *to* me, please?
pass	A B B *to* A	A에게 B를 건네주다	The goalkeeper **passed** the player the ball. The goalkeeper **passed** the ball *to* the player.
lend	A B B *to* A	A에게 B를 빌려주다	The bank won't **lend** you the money. The bank won't **lend** the money *to* you.
offer	A B B *to* A	A에게 B를 제안하다	The company **offered** me a job. The company **offered** a job *to* me.
pay	A B B *to* A	A에게 B를 지불하다	They **paid** the taxi driver cash. They **paid** cash *to* the taxi driver.
sell	A B B *to* A	A에게 B를 팔다	A woman **sells** people fruits at a cheap price. A woman **sells** fruits *to* people at a cheap price.
send	A B B *to* A	A에게 B를 보내다	You can **send** him messages on the smartphone. You can **send** messages *to* him on the smartphone.
show	A B B *to* A	A에게 B를 보여주다	The man **showed** the clerk his ID card. The man **showed** his ID card *to* the clerk.
teach	A B B *to* A	A에게 B를 가르쳐 주다	My teacher **taught** me a valuable lesson. My teacher **taught** a valuable lesson *to* me.
tell	A B B *to* A	A에게 B를 말하다	She **told** me an interesting fact. She **told** an interesting fact *to* me.

2 「V+명사+전명구」로 전환 시 전치사 to, for를 둘 다 사용하는 동사

bring	A B B *to[for]* A	A에게 B를 가져다주다	She **brought** me some water. She **brought** some water *to[for]* me.
sing	A B B *to[for]* A	A에게 B를 불러주다	The band **is singing** their fans a song. The band **is singing** a song *to[for]* their fans.
promise	A B B *to[for]* A	A에게 B를 약속하다	Her parents **promised** her a new toy. Her parents **promised** a new toy *to[for]* her.
write	A B B *to[for]* A	A에게 B를 쓰다	I'm **writing** my favorite singer a letter. I'm **writing** a letter *to[for]* my favorite singer.

Key Verbs 동사의 변화형 다지기

STEP 0

틀리기 쉬운 규칙, 불규칙 변화형부터 살펴봅니다.

빨간색은 주의해야 할 변화형을, 별(*)은 특히 틀리기 쉬운 변화형을 나타낸다.

원형	3인칭 단수 현재형	과거형	과거분사형	현재분사형
give	gives	gave	*given	giving
lend	lends	lent	lent	lending
pay	pays	paid	paid	paying
sell	sells	sold	sold	selling
send	sends	sent	sent	sending
show	shows	showed	*shown	showing
teach	teaches	*taught	*taught	teaching
tell	tells	told	told	telling
bring	brings	*brought	*brought	bringing
sing	sings	sang	*sung	singing
promise	promises	promised	promised	promising
write	writes	wrote	*written	writing

[1-10] 다음 주어진 동사를 <u>시제와 수</u>에 맞게 적절히 변형하여 문장을 완성하시오.

1 나는 엄마에게 내 시험 성적을 이미 **보여드렸다.** (show)

I've already _____ my mom my test score.

2 내 친구가 내게 자신이 가장 좋아하는 시계를 **빌려주었다.** (lend)

My friend has _____ her favorite watch to me.

3 Emma가 점원에게 돈을 **지불했다.** (pay)

Emma _____ the clerk money.

4 할머니께서 내게 딸기 케이크를 **주셨다.** (give)

Grandma _____ a strawberry cake to me.

5 내 이웃이 우리에게 살사 춤을 **가르쳐 주었다.** (teach)

My neighbor _____ us salsa dancing.

6 그의 가족이 우승자에게 꽃 한 다발을 **가져다주었다.** (bring)

His family has _____ a bunch of flowers for the winner.

7 내 친구는 5년 동안 나에게 크리스마스 카드를 **보내주었다.** (send)

My friend has _____ me Christmas cards for five years.

8 그 소년들은 선생님에게 스승의 날 노래를 **불러주었다.** (sing)

The boys _____ their teacher the Teacher's Day song.

9 그 점원이 나에게 새 상품을 **보여주었다.** (show)

The clerk _____ a new product to me.

10 비서가 그의 상사에게 중요한 이메일을 **썼다.** (write)

The secretary has _____ his boss an important e-mail.

STEP 1

Key Phrases 짧은 구 익히기

짧은 구로 기본기를 잡습니다.

[1-15] 다음 어구에 맞게 빈칸에 들어갈 단어를 쓰시오. (동사의 기본형을 사용할 것)

1	그에게 약간의 팁을 주다	g_____	h_____ s_____ t_____ s_____ t_____ h_____
2	내게 소금을 건네주다	h_____	m_____ the s_____ the s_____ m_____
3	그 선수에게 공을 건네주다	p_____	the p_____ the b_____ the b_____ the p_____
4	네게 돈을 빌려주다	l_____	y_____ the m_____ the m_____ y_____
5	내게 일자리를 제안하다	o_____	m_____ a j_____ a j_____ m_____
6	택시 기사에게 현금을 지불하다	p_____	the t_____ d_____ c_____ c_____ the t_____ d_____
7	사람들에게 과일을 팔다	s_____	p_____ f_____ f_____ p_____
8	그에게 메시지들을 보내다	s_____	h_____ m_____ m_____ h_____
9	점원에게 그의 신분증을 보여주다	s_____	the c_____ h_____ ID c_____ h_____ ID c_____ the c_____
10	내게 귀중한 교훈을 가르쳐 주다	t_____	m_____ a v_____ l_____ a v_____ l_____ m_____
11	내게 흥미로운 사실을 말하다	t_____	m_____ an i_____ f_____ an i_____ f_____ m_____
12	내게 물을 좀 가져다주다	b_____	m_____ s_____ w_____ s_____ w_____ m_____
13	그들의 팬들에게 노래를 불러주다	s_____	t_____ f_____ a s_____ a s_____ t_____ f_____
14	그녀에게 새 장난감을 약속하다	p_____	h_____ a n_____ t_____ a n_____ t_____ h_____
15	내가 가장 좋아하는 가수에게 편지를 쓰다	w_____	m_____ f_____ s_____ a l_____ a l_____ m_____ f_____ s_____

Key Sentences 문장 도전하기

구를 익혔으니 문장 쓰기에 도전할 수 있습니다.

[1-15] 다음 우리말을 주어진 동사를 참고하여 영작하시오.
(단, 각각 「S+V+명사¹+명사²」 문형과 「S+V+명사+전명구」 문형으로 쓸 것)

1   그 손님들은 그에게 약간의 팁을 주었다. (give)
→

→

2   부디 제게 그 소금을 건네주시겠어요? (hand)
→

→

3   그 골키퍼는 그 선수에게 공을 건네주었다. (pass)
→

→

4   그 은행은 네게 돈을 빌려주지 않을 것이다. (lend)
→

→

5   그 회사는 내게 일자리를 제안했다. (offer)
→

→

6   그들은 택시 기사에게 현금을 지불했다. (pay)
→

→

7   한 여성이 사람들에게 과일을 싼 가격에 판다. (sell)
→

→

8   너는 스마트폰으로 그에게 메시지들을 보낼 수 있다. (send)

→

→

9   그 남자는 점원에게 자신의 신분증을 보여주었다. (show)

→

→

10   우리 선생님께서 내게 귀중한 교훈을 가르쳐 주셨다. (teach)

→

→

11   그녀가 내게 흥미로운 사실을 말했다. (tell)

→

→

12   그녀가 내게 물을 좀 가져다주었다. (bring)

→

→

13   그 밴드는 그들의 팬들에게 노래를 불러주고 있다. (sing)

→

→

14   그녀의 부모님께서 그녀에게 새 장난감을 약속하셨다. (promise)

→

→

15   나는 내가 가장 좋아하는 가수에게 편지를 쓰고 있다. (write)

→

→

Must-Knows! 문어법 짚어보기

꼭 알아야 할 문어법을 짚고 넘어갑니다.

A 〔문장구조 파악하기〕 다음 문장에서 주어, 동사, 간접목적어, 직접목적어를 찾아 밑줄을 긋고 각각 S, V, IO, DO로 표시하시오.

1 My grandmother often sings me a lullaby.

2 My mom brought me snacks.

3 We sent the poor our used clothes.

4 The salesman offered Mr. Douglas $5000 for the car.

B 〔문장 오류 찾기〕 다음 각 문장의 밑줄 친 부분이 어법상 옳으면 ○, 틀리면 ×로 표시하고 바르게 고쳐 쓰시오.

1 He sold <u>the family his farm</u>.

2 The pharmacist handed the medicine <u>for him</u>.

3 Her best friend told <u>her a secret</u>.

4 Mom taught <u>the alphabet my little brother</u>.

C 〔빈칸 채우기〕 다음 우리말에 맞도록 빈칸에 알맞은 전치사를 쓰시오. (단, 전치사가 필요하지 않은 경우 ×로 표시할 것)

1 대통령이 그 스키 선수에게 메달을 주었다.

The president gave the skier _____ a medal.

2 그 소년은 반 친구들에게 자신의 햄스터를 가져왔다.

The boy brought his hamster _____ his classmates.

3 그 회사는 직원들에게 임금을 지불했다.

The company paid the workers _____ the wages.

4 그 도서관은 사람들에게 책, 잡지, 그리고 DVD를 빌려준다.

The library lends books, magazines, and DVDs _____ people.

lullaby 자장가   pharmacist 약사   medicine 약, 약물

Write More! 응용 문장에 적용하기

새로운 응용 문장에 학습한 내용을 적용해 봅니다.

A 　배열 영작　다음 우리말과 일치하도록 괄호 안에 주어진 단어를 순서대로 배열하시오.

1 Kevin은 엄마에게 크리스마스 카드를 쓰고 있다.

(a Christmas card / his mom / Kevin / is writing)

→

2 그 간호사는 우리 이모에게 갓난아기를 건네주었다.

(handed / the newborn baby / my aunt / the nurse)

→

3 그는 친구에게 자신의 휴대폰에 나타난 메시지를 보여주었다.

(the message / showed / on / he / his cell phone / his friend)

→

B 　문장 전환　다음 두 문장이 같은 의미가 되도록 빈칸에 알맞은 말을 쓰시오.

1 On stage, a man in a suit sang the girls a serenade.

= On stage, a man in a suit _____ the girls.

2 The comedian told the audience a funny joke.

= The comedian _____ the audience.

3 The politician promised everyone lower taxes.

= The politician _____ everyone.

4 The man is teaching the students sign language.

= The man _____ the students.

C 　조건 영작　다음 우리말과 일치하도록 괄호 안의 단어를 활용하여 문장을 완성하시오. (필요시 어형 변화 및 단어 추가 가능, 전치사를 반드시 포함할 것)

1 그 종업원이 우리에게 계산서를 가져다주었다. (the bill, bring)

→ The waitress _____ .

2 그 노인은 우리 엄마에게 싱싱한 사과들을 팔았다. (fresh apples, sell)

→ The old man _____ .

---

serenade 세레나데(를 부르다)　politician 정치인　tax 세금　sign language 수화

PATTERN

13

S+V+명사(구)¹+명사(구)² Ⅱ

앞 패턴에 이어
'~에게'를 만드는 전명구에 쓰이는 전치사가
for, of인 것을 중점적으로 알아본다.

앞에서 살펴보았듯이,
'~에게 …을[를] 주다'라는 의미를 가지는 동사라고 할지라도
모두가 「V+명사¹+명사²」의 문형을 취할 수 있는 것은 아니다.

우리말 의미가 그렇다고 해도
일부 동사는 오로지 「V+명사+전명구」의 형태만 취한다.
(☞ p. 125 「V+명사+전명구」의 문형으로만 쓰이는 동사)
우리말 의미에 의거해서 판단할 경우
그러한 동사들은 「V+명사¹+명사²」의 문형으로 잘못 사용하기 쉽기 때문에
영작할 때 주의해야 한다.

📦 Learn More

「V+명사¹+명사²」의 문형으로만 쓰이는 동사
이때의 명사¹, 명사²는 모두 직접목적어에 해당하므로 반드시 의미와 함께 알아두자.

• **cost** A B:	This car **cost** me a lot of money.
A가 B라는 **대가를 치르게 하다**	This car **cost** a lot of money for me. (×)
• **forgive** A B:	My grandfather always **forgives** me my mistakes.
B에 대해 A를 **용서하다**	My grandfather always **forgives** my mistakes to me. (×)

One Page View 한 눈에 보는 Key Verbs, Phrases, & Sentences

패턴 13의 모든 내용이 이 한 페이지에 담겨 있습니다.

1 「V+명사+전명구」문형으로 전환 시 전치사 for를 사용하는 동사

buy	A B B *for* A	A에게 B를 사주다	Sam **bought** his daughter a computer. Sam **bought** a computer *for* his daughter.
choose	A B B *for* A	A에게 B를 골라주다	She **chose** me a flower. She **chose** a flower *for* me.
cook	A B B *for* A	A에게 B를 요리해주다	The chef **cooked** us a special menu. The chef **cooked** a special menu *for* us.
find	A B B *for* A	A에게 B를 찾아주다	The policeman **found** him his bag. The policeman **found** his bag *for* him.
get	A B B *for* A	A에게 B를 가져다주다	Can you **get** me another cup of coffee? Can you **get** another cup of coffee *for* me?
make	A B B *for* A	A에게 B를 만들어주다	The girl **made** her friends bracelets. The girl **made** bracelets *for* her friends.

2 「V+명사+전명구」문형으로 전환 시 전치사 of를 사용하는 동사

ask	A B B *of* A	A에게 B를 묻다[요청하다]	The boy **asked** his mom a few questions. The boy **asked** a few questions *of* his mom.

3 「V+명사+전명구」의 문형으로만 쓰이는 동사 (☞ p.97)

'~에게 …을 (해) 주다'로 해석되지만 「V+명사¹+명사²」 문형으로는 쓰이지 않는다.

introduce A *to* B	B에게 A를 소개하다	We **introduced** ourselves *to* each other. We **introduced** each other ourselves. (×)
explain A *to* B	B에게 A를 설명해주다	The driver **explained** the accident *to* the police. The driver **explained** the police the accident. (×)
describe A *to[for]* B	B에게 A를 묘사하다	The director **described** the scene *to[for]* the actor. The director **described** the actor the scene. (×)
say A *to* B	B에게 A를 말해주다	The kid **said** the truth *to* his mom. The kid **said** his mom the truth. (×)
prove A *to* B	B에게 A를 증명해주다	The visitor **proved** his identity *to* the guard. The visitor **proved** the guard his identity. (×)
admit A *to* B	B에게 A를 인정하다	Lilly **admitted** her mistake *to* her boss. Lilly **admitted** her boss her mistake. (×)
propose A *to* B	B에게 A를 제안하다	He **proposed** marriage *to* his girlfriend. He **proposed** his girlfriend marriage. (×)
suggest A *to* B	B에게 A를 제안하다	The waiter **suggested** a wine *to* me. The waiter **suggested** me a wine. (×)

Key Verbs

Key Phrases

Key Sentences

Key Verbs 동사의 변화형 다지기

틀리기 쉬운 규칙, 불규칙 변화형부터 살펴봅니다.

빨간색은 주의해야 할 변화형을, 별(*)은 특히 틀리기 쉬운 변화형을 나타낸다.

원형	3인칭 단수 현재형	과거형	과거분사형	현재분사형
buy	buys	*bought	*bought	buying
choose	chooses	*chose	*chosen	choosing
find	finds	*found	*found	finding
get	gets	got	*got / gotten	getting
make	makes	made	*made	making
introduce	introduces	introduced	introduced	introducing
describe	describes	described	described	describing
say	says	said	said	saying
prove	proves	proved	proved	proving
admit	admits	admitted	admitted	admitting
propose	proposes	proposed	proposed	proposing

[1-10] 다음 주어진 동사를 시제와 수에 맞게 적절히 변형하여 빈칸을 완성하시오.

1 그는 부모님께 계란 프라이와 토스트를 **만들어드렸다.**
(make)

He _____ his parents fried eggs and toast.

2 그 작가는 독자들에게 감사하다고 **말했다.** (say)

The author _____ thank you to the readers.

3 그녀의 엄마가 졸업식을 위해 그녀에게 드레스를 **골라 주었다.** (choose)

Her mother has _____ her a dress for the graduation ceremony.

4 그는 팀 동료에게 아주 좋은 생각을 **제안하고 있다.**
(propose)

He is _____ a great idea to his teammate.

5 Naomi는 나에게 도쿄에서 산 티셔츠를 **가져다주었다.**
(get)

Naomi has _____ me a T-shirt from Tokyo.

6 Julia는 내게 자신의 꿈을 **묘사하고 있다.** (describe)

Julia is _____ her dream to me.

7 나는 어제 여자 친구에게 사탕을 **사주었다.** (buy)

I _____ my girlfriend candy yesterday.

8 그 선생님은 학급에 자신을 **소개하고 있다.** (introduce)

The teacher is _____ himself to the class.

9 그 남자는 친구에게 자신의 유죄를 **인정했다.** (admit)

The man _____ his guilt to his friend.

10 그녀가 여동생에게 머리띠를 **찾아주었다.** (find)

She _____ her sister the hair band.

STEP 1

Key Phrases 짧은 구 익히기

짧은 구로 기본기를 잡습니다.

[1-15] 다음 어구에 맞게 빈칸에 들어갈 단어를 쓰시오. (동사의 기본형을 사용할 것)

1   그의 딸에게 컴퓨터 한 대를 사주다   **b**_____
    h_____ d_____ a c_____
    a c_____ _____ h_____ d_____

2   내게 꽃 한 송이를 골라주다   **c**_____
    m_____ a f_____
    a f_____ _____ m_____

3   우리에게 특별한 메뉴를 요리해주다   **c**_____
    u_____ a s_____ m_____
    a s_____ m_____ _____ u_____

4   그에게 그의 가방을 찾아주다   **f**_____
    h_____ h_____ b_____
    h_____ b_____ _____ h_____

5   내게 커피 한 잔을 더 가져다주다   **g**_____
    m_____ a _____ c_____ o_____
    c_____
    a _____ c_____ o_____ c_____
    _____ m_____

6   그녀의 친구들에게 팔찌를 만들어주다   **m**_____
    h_____ f_____ b_____
    b_____ _____ h_____ f_____

7   그의 엄마에게 몇 가지 질문을 물어보다   **a**_____
    h_____ m_____ a f_____ q_____
    a f_____ q_____ _____ h_____
    m_____

8   서로에게 우리 자신을 소개하다   **i**_____
    o_____ e_____ o_____

9   경찰에게 그 사고를 설명해주다   **e**_____
    the a_____ the p_____

10 그 배우에게 그 장면을 묘사해주다   **d**_____
    the s_____ the a_____

11 그의 엄마에게 진실을 말해드리다   **s**_____
    the t_____ h_____ m_____

12 경비원에게 그의 신원을 증명해주다   **p**_____
    h_____ i_____ the g_____

13 그녀의 상사에게 그녀의 실수를 인정하다   **a**_____
    h_____ m_____ h_____
    b_____

14 그의 여자 친구에게 결혼을 제안하다 (청혼하다)   **p**_____
    m_____ h_____ g_____

15 내게 포도주를 제안하다   **s**_____
    a w_____ m_____

Key Sentences 문장 도전하기

STEP 2

구를 익혔으니 문장 쓰기에 도전할 수 있습니다.

[1-15] 다음 우리말을 주어진 동사를 참고하여 영작하시오.
(단, 1-7번 까지는 각각 「S+V+명사¹+명사²」 문형과 「S+V+명사+전명구」 문형으로 쓸 것)

1 Sam은 자신의 딸에게 컴퓨터 한 대를 사주었다. (buy)
→

→

2 그녀는 내게 꽃 한 송이를 골라주었다. (choose)
→

→

3 그 요리사는 우리에게 특별한 메뉴를 요리해주었다. (cook)
→

→

4 그 경찰이 그에게 그의 가방을 찾아주었다. (find)
→

→

5 제게 커피 한 잔을 더 가져다주실 수 있나요? (get)
→

→

6 그 소녀는 자신의 친구들에게 팔찌를 만들어주었다. (make)
→

→

7 그 소년은 엄마에게 몇 가지 질문을 물어보았다. (ask)
→

→

8 우리는 / 우리 자신을 소개했다 / 서로에게. (introduce)

→

9 그 운전자는 / 그 사고를 설명해주었다 / 경찰에게. (explain)

→

10 그 감독은 / 그 장면을 묘사해주었다 / 그 배우에게. (describe)

→

11 그 아이는 / 진실을 말해드렸다 / 자신의 엄마에게. (say)

→

12 그 방문객은 / 자신의 신원을 증명해주었다 / 경비원에게. (prove)

→

13 Lilly는 / 자신의 실수를 인정했다 / 그녀의 상사에게. (admit)

→

14 그는 / 결혼을 제안했다(청혼했다) / 자신의 여자 친구에게. (propose)

→

15 그 웨이터는 / 포도주를 제안했다 / 내게. (suggest)

→

Must-Knows! 문어법 짚어보기

꼭 알아야 할 문어법을 짚고 넘어갑니다.

A [문장구조 파악하기] 다음 문장에서 주어, 동사, 목적어, 간접목적어, 직접목적어를 찾아 밑줄을 긋고 각각 S, V, O, IO, DO로 표시하시오.

1 His brother suggested playing soccer to me.

2 My friends asked me some things about my new job.

3 The clerk chose me some clothes and bags.

4 Brittany will describe her trip to Canada to the class.

B [문장 오류 찾기] 다음 각 문장의 밑줄 친 부분이 어법상 옳으면 ○, 틀리면 ✕로 표시하고 바르게 고쳐 쓰시오.

1 My aunt got a digital camera <u>for me</u>.

2 I will find <u>to Kevin</u> the perfect souvenir.

3 My sister introduced her college roommate <u>me</u>.

4 The lawyer will prove the man's innocence <u>to the judge</u>.

C [빈칸 채우기] 다음 우리말에 맞도록 빈칸에 알맞은 전치사를 쓰시오. (단, 전치사가 필요하지 않은 경우 ✕로 표시할 것)

1 나는 부모님께 내 생각을 설명했다.

I explained my thoughts _____ my parents.

2 그 면접관은 면접 대상자에게 몇 가지 질문들을 했다.

The interviewer asked some questions _____ the interviewee.

3 Blair는 내게 로스앤젤레스로의 여행을 제안했다.

Blair proposed a trip to Los Angeles _____ me.

4 내 직장 동료가 어제 모두에게 커피를 사주었다.

My coworker bought _____ everyone coffee yesterday.

5 그 정치인은 국민들에게 자신의 공약을 말했다.

The politician said his promise _____ the people.

souvenir 기념품   college 대학(교)   lawyer 변호사   innocence 결백, 무죄   judge 판사

Write More! 응용 문장에 적용하기

새로운 응용 문장에 학습한 내용을 적용해 봅니다.

A [배열 영작] 다음 우리말과 일치하도록 괄호 안에 주어진 단어를 순서대로 배열하시오.

1 이 박사님이 학생들에게 새로운 이론을 설명했다.

(the new theory / explained / to / Dr. Lee / the students)

→

2 그 경찰관이 그에게 도난당한 그림을 찾아주었다.

(found / the policeman / the stolen painting / him)

→

3 그 비서는 자신의 상사에게 중요한 서류를 가져다주었다.

(an important document / her boss / the secretary / got)

→

4 그 지도 교사는 그녀에게 다른 수업을 제안했다.

(to / suggested / the guidance counselor / her / a different class)

→

B [문장 전환] 다음 두 문장이 같은 의미가 되도록 빈칸에 알맞은 말을 쓰시오.

1 My wife chose me a necktie.

= My wife _____ me.

2 Who cooked us dinner tonight?

= Who _____ us tonight?

3 The traveler asked the guide today's schedule.

= The traveler _____ the guide.

4 I made my parents a cake for their wedding anniversary.

= I _____ my parents for their wedding anniversary.

C [조건 영작] 다음 우리말과 일치하도록 괄호 안의 단어를 활용하여 문장을 완성하시오. (필요시 어형 변화 및 단어 추가 가능, 전치사를 반드시 포함할 것)

1 그 축구팀은 상대 팀에게 패배를 인정했다. (admit, defeat, the other team)

→ The soccer team _____.

2 Michelle이 내게 그 고전 영화를 소개해주었다. (the classic movie, introduce)

→ Michelle _____.

anniversary (매년의) 기념일

OVERALL TEST 5

A 다음 각 네모 안에서 어법에 맞는 것을 고르시오.

1 Lucas sent a birthday present for / to Amy.

2 I will cook potato soup of / for Junhee.

3 He passes his wife / to his wife the car key.

4 The little girl sold candy bars for / to people.

5 The girl's father sang her / for her a song before bed.

6 Her neighbor offered a glass of lemonade for / to her.

7 My classmates chose our grade / for our grade a president.

8 My son said the surprising fact for / to me.

B 다음 빈칸에 알맞은 전치사를 〈보기〉에서 골라 쓰시오.

〈보기〉	for	to	of

1 Children usually ask many questions _____ their parents.

2 Please introduce your new book _____ our readers.

3 My grandmother cooked her delicious pumpkin pie _____ me.

4 The famous designer made a beautiful dress _____ the actress.

5 My mom told nothing _____ me this morning.

6 You can ask any question about the library _____ the librarian.

7 The fruit seller chose the freshest watermelon _____ my mom.

8 The news anchor said the surprising news _____ the viewers.

C 다음 문장에서 주어, 동사, 목적어, 간접목적어, 직접목적어를 찾아 밑줄을 긋고 각각 S, V, O, IO, DO로 표시한 후 바르게 해석하시오.

1 I was passing my professor the report.

→

2 The little boy promised the girl his love.

→

3 They are giving the passengers sandwiches.

→

4 The historians proved the value of the past to the people.

→

D 주어진 문장을 〈보기〉와 같이 목적어가 하나인 문장으로 고쳐 쓰시오.

> 〈보기〉 My boss gave me some time to rest.
> → My boss gave some time to rest to me.

1 Aaron asked his best friend a favor.

→ Aaron _____ his best friend.

2 The witness told the police the truth.

→ The witness _____ the police.

3 She bought herself a new purse.

→ She _____ herself.

4 The airport staff found me my baggage.

→ The airport staff _____ me.

5 She paid the librarian the fee for the late book.

→ She _____ the librarian for the late book.

6 Could you get me a pillow and a blanket, please?

→ Could you _____ me, please?

Can I take a rain check?
다음에 만나도 될까?

A: Jun, how about hanging out today?
준, 오늘 놀러 갈래?

B: That sounds cool. But, can I take a rain check? I have an English test tomorrow.
그거 재미있겠는걸. 그런데, _____? 나 내일 영어 시험 있거든.

친구가 같이 놀 것을 제안하는데,
하필 내일 영어시험이 있네요..
이럴 때, 아쉽지만 다음에 놀자~ 라는 표현을 쓰죠.

영어로 **Can I take a rain check?** 이라고 한답니다.

rain check은 비가 너무 많이 내려
예정된 공연이나 경기가 취소되었을 때
나중에 쓸 수 있도록 주는 교환권에서 유래된 표현인데요.

약속을 취소하거나 다음으로 미뤄야 할 때
유용하게 사용해 보면 어떨까요?

PART

6

s+V+명사+명사(구)/ 형용사(구)

이 문형을 취하는 동사는
동사 뒤에 명사가 두 개 이어지는 경우로,
「명사=명사」의 관계이다.

ME
= Sarah

He called **me Sarah**.

그는 나를 Sarah라고 불렀다.

*앞서 패턴 12, 13의 경우도 동사 뒤에 「명사」+명사²」가 이어지지만 그 둘은 서로 다른 것이라는 차이점이 있다.
e.g. He gave <u>me</u> <u>a book</u>. (me ≠ a book)

여기서 두 번째 명사(Sarah)는
마치 「s+BE+명사(구)(☞ PATTERN 3)」에서
s를 보충 설명해주는 명사와 역할이 같으며,
단지 여기서는 목적어(me)를 보충 설명하는 것이다.

또한, 동사 뒤에 이어지는 어구가 「명사+형용사(구)」인 경우,
명사 형용사의 관계를 이룬다.

She calls **me lazy and selfish**.

그녀는 내가 게으르고 이기적이라고 한다.

여기서도 형용사(lazy and selfish)는
마치 「s+BE+형용사(구)(☞ PATTERN 2)」에서
s를 보충 설명해주는 형용사와 역할이 같으며,
여기서는 목적어(me)를 보충 설명하는 것이다.

이렇게 목적어를 보충 설명하는 명사와 형용사를 '목적격 보어'라고 한다.

One Page View 한 눈에 보는 Key Verbs, Phrases, & Sentences

1 동사 뒤에 「명사＋명사」가 오는 경우

❶ 부르다 류

call A B	A를 B라고 부르다	Don't **call** me *a coward*.
name A B	A를 B라고 이름 짓다	My family **named** the dog *Simba*.
make A B	A를 B로 만들다	The song **made** the band *superstars*.

❷ 생각하다 류

think A (to be) B	A를 B라고 생각하다	The professor **thinks** John (to be) *a genius*.
consider A B	A를 B로 여기다	The actress **considered** the award *an honor*.

❸ 선출하다 류

elect A (as) B	A를 B로 선출하다	They **elected** her (as) *president* of Dance Club.
appoint A (as) B	A를 B로 임명[지명]하다	The teammates **appointed** him (as) *captain*.

2 동사 뒤에 「명사＋형용사(구)」가 오는 경우

❶ 생각하다 류

believe it (to be) true	그것이 사실이라고 믿다	Many people **believe** the rumor (to be) *true*.
think it (to be) safe	그것이 안전하다고 생각하다	My mom **thought** the blender (to be) *safe*.
consider it (to be) easy	그것이 쉽다고 여기다	Our group **considered** the puzzle (to be) *easy*.
find it (to be) good	그것이 좋다는 것을 알게 되다	The interviewer **found** Tom's attitude (to be) *good*.
feel it (to be) sharp	그것이 날카롭다고 느끼다	Laura **felt** the knife (to be) *sharp*.

❷ ～하게 하다 류

drive me *crazy*	나를 미치게 하다	Waiting in line always **drives** me *crazy*.
make me *nervous*	나를 긴장하게 하다	Giving a presentation **makes** me *nervous*.
get it *clean*	그것을 깨끗하게 하다	The server always **gets** the table *clean*.

❸ ～한 상태로 두다 류

leave it *dirty*	그것을 더러운 상태로 남겨두다	My brother usually **leaves** the kitchen *dirty*.
keep it *cold*	그것을 차가운 상태로 유지하다	The refrigerator **keeps** food ingredients *cold*.
hold it *open*	그것을 연 상태로 잡아두다	He always **holds** the door *open* for me.

❹ 기타

paint it *red*	그것을 빨갛게 칠하다	My father **painted** the roof *red* yesterday.
prefer it *strong*	그것이 진한 것을 선호하다	Mary **prefers** coffee *strong*.
want it *rare*	그것을 덜 익은 것으로 원하다	The man usually **wants** his steak *rare*.
serve it *fresh*	그것을 신선하게 제공하다	Our company's cafeteria **serves** lunch *fresh*.

Key Verbs 동사의 변화형 다지기

틀리기 쉬운 규칙, 불규칙 변화형부터 살펴봅니다.

빨간색은 주의해야 할 변화형을, 별(*)은 특히 틀리기 쉬운 변화형을 나타낸다.

원형	3인칭 단수 현재형	과거형	과거분사형	현재분사형
name	names	named	named	naming
make	makes	made	made	making
think	thinks	*thought	*thought	thinking
believe	believes	believed	believed	believing
find	finds	*found	*found	finding
feel	feels	*felt	*felt	feeling
drive	drives	drove	*driven	driving
get	gets	got	*got / gotten	getting
leave	leaves	*left	*left	leaving
keep	keeps	*kept	*kept	keeping
hold	holds	held	held	holding
prefer	prefers	preferred	preferred	preferring
serve	serves	served	served	serving

[1-12] 다음 주어진 동사를 시제와 수에 맞게 적절히 변형하여 문장을 완성하시오.

1 그 남자는 그 문서가 준비되게 했다. (get)
The man has _____ the documents ready.

2 그 선생님은 그 소년이 예의 바르다고 믿어오고
있었다. (believe)
The teacher has been _____ the boy polite.

3 그녀는 자신의 할머니를 위해 그 엘리베이터를 열린 상
태로 잡아두었다. (hold)
She _____ the elevator open for her grandmother.

4 그 소음은 날 정말 미치게 했다. (drive)
The noise has _____ me really crazy.

5 그 요리사는 연어를 구워서 제공하고 있었다. (serve)
The chef was _____ the salmon grilled.

6 그 책은 나를 슬프게 했다. (make)
That book _____ me sad.

7 나는 열이 식는 걸 느꼈다. (feel)
I _____ my fever cool.

8 그는 떠날 때 창문을 연 상태로 남겨두었다. (leave)
He _____ the window open when leaving.

9 그녀는 자신의 머리카락이 검은색인 것을 선호했다.
(prefer)
She _____ her hair black.

10 나는 수학이 어렵다는 것을 알게 되었다. (find)
I _____ math to be difficult.

11 학생들은 도서관을 조용한 상태로 유지했다. (keep)
The students _____ the library quiet.

12 그 정비공은 그 차가 낡았다고 생각했다. (think)
The mechanic _____ the car to be old.

STEP 1

Key Phrases 짧은 구 익히기

짧은 구로 기본기를 잡습니다.

[1-22] 다음 어구에 맞게 빈칸에 들어갈 단어를 쓰시오. (동사의 기본형을 사용할 것)

1   나를 겁쟁이라고 부르다   **c**_____ m_____ a c_____

2   그 개를 Simba라고 이름 짓다   **n**_____ the d_____ S_____

3   그 밴드를 슈퍼스타로 만들다   **m**_____ the b_____ s_____

4   John을 천재라고 생각하다   **t**_____ J_____ (to be) a g_____

5   그 상을 영광으로 여기다   **c**_____ the a_____ an h_____

6   그녀를 회장으로 선출하다   **e**_____ h_____ (as) p_____

7   그를 주장으로 임명하다   **a**_____ h_____ (as) c_____

8   그 소문이 사실이라고 믿다   **b**_____ the r_____ (to be) t_____

9   그 믹서기가 안전하다고 생각하다   **t**_____ the b_____ (to be) s_____

10   그 퍼즐이 쉽다고 여기다   **c**_____ the p_____ (to be) e_____

11   Tom의 태도가 좋다는 것을 알게 되다   **f**_____ T_____ a_____ (to be) g_____

12   그 칼이 날카롭다고 느끼다   **f**_____ the k_____ (to be) s_____

13   나를 미치게 하다   **d**_____ m_____ c_____

14   나를 긴장하게 하다   **m**_____ m_____ n_____

15   테이블을 깨끗하게 하다   **g**_____ the t_____ c_____

16   부엌을 더러운 상태로 남겨두다   **l**_____ the k_____ d_____

17   음식 재료를 차가운 상태로 유지하다   **k**_____ f_____ i_____ c_____

18   문을 연 상태로 잡아두다   **h**_____ the d_____ o_____

19   그 지붕을 빨갛게 칠하다   **p**_____ the r_____ r_____

20   커피가 진한 것을 선호하다   **p**_____ c_____ s_____

21   그의 스테이크를 덜 익은 것으로 원하다   **w**_____ h_____ s_____ r_____

22   점심을 신선하게 제공하다   **s**_____ l_____ f_____

Key Sentences 문장 도전하기

구를 익혔으니 문장 쓰기에 도전할 수 있습니다.

[1-22] 다음 우리말을 주어진 동사를 참고하여 영작하시오.

1 나를 부르지 마라 / 겁쟁이라고. (call)
→

2 우리 가족은 / 그 개를 이름 지었다 / Simba라고. (name)
→

3 그 노래는 / 그 밴드를 만들었다 / 슈퍼스타로. (make)
→

4 그 교수님은 / John을 생각하신다 / 천재라고. (think)
→

5 그 여배우는 / 그 상을 여겼다 / 영광으로. (consider)
→

6 그들은 / 그녀를 선출했다 / 회장으로 / 댄스 동아리의. (elect)
→

7 그 팀 동료들은 / 그를 임명했다 / 주장으로. (appoint)
→

8 많은 사람들은 / 그 소문을 믿는다 / 사실이라고. (believe)
→

9 우리 엄마는 / 그 믹서기를 생각했다 / 안전하다고. (think)
→

10 우리 그룹은 / 그 퍼즐을 여겼다 / 쉽다고. (consider)
→

11 그 면접관은 / Tom의 태도를 알게 되었다 / 좋다고. (find)

→

12 Laura는 / 그 칼을 느꼈다 / 날카롭다고. (feel)

→

13 줄을 서서 기다리는 것은 / 항상 나를 ~하게 한다 / 미치(게). (drive)

→

14 발표하는 것은 / 나를 ~하게 한다 / 긴장해(게). (make)

→

15 그 종업원은 / 항상 테이블을 ~하게 한다 / 깨끗해(게). (get)

→

16 우리 오빠는 / 보통 부엌을 남겨둔다 / 더러운 상태로. (leave)

→

17 그 냉장고는 / 음식 재료를 유지한다 / 차가운 상태로. (keep)

→

18 그는 / 항상 문을 잡아둔다 / 연 상태로 / 나를 위해. (hold)

→

19 우리 아버지는 / 그 지붕을 칠하셨다 / 빨갛게 / 어제. (paint)

→

20 Mary는 / 커피를 선호한다 / 진한 것으로. (prefer)

→

21 그 남자는 / 보통 자신의 스테이크를 원한다 / 덜 익은 것으로. (want)

→

22 우리 회사의 식당은 / 점심을 제공한다 / 신선하게. (serve)

→

Must-Knows! 문어법 짚어보기

A 　문장구조 파악하기　다음 문장에서 주어, 동사, 목적어, 목적격보어(명사(구), 형용사)를 찾아 밑줄을 긋고 각각 S, V, O, C로 표시하시오.

1　I consider Seoul my hometown.

2　The woman painted a chair white.

3　She believed the movie quite scary.

4　I thought the flower a rose yesterday.

5　Jessica called me a liar this morning.

B 　맞는 어법 고르기　다음 각 네모 안에서 어법에 맞는 것을 고르시오.

1　My boss considered the work easily / easy .

2　Jeff always wants the music loud / loudly .

3　The chain held the front door closely / closed .

4　The college student prefers coffee shops quietly / quiet .

C 　문장 오류 찾기　다음 우리말에 맞도록 각 문장에서 어법상 틀린 부분을 찾아 밑줄을 긋고 바르게 고쳐 쓰시오.

1　아기의 미소는 나를 행복하게 만든다.
　A baby's smile makes me happily.

2　내 동료는 항상 그의 책상을 깨끗한 상태로 유지한다.
　My coworker always keeps his desk cleanly.

3　Jane은 그 집이 아주 비싸다는 것을 알게 되었다.
　Jane found the house very cost.

4　Grace는 그녀의 손주가 사랑스럽다고 생각했다.
　Grace thought her grandchild love.

hometown 고향　college 대학(교)

Write More! 응용 문장에 적용하기

새로운 응용 문장에 학습한 내용을 적용해 봅니다.

A 배열 영작 다음 우리말과 일치하도록 괄호 안에 주어진 단어를 순서대로 배열하시오.

1 나는 내 동생을 책벌레라고 부른다. (my brother / call / a bookworm / I)
→

2 그 소년은 자신의 셔츠를 더럽게 했다. (got / dirty / his shirt / the boy)
→

3 그 소녀는 자신의 침실이 따뜻한 것을 원한다. (warm / wants / the girl / her bedroom)
→

4 그 바쁜 종업원은 그 팬케이크를 차갑게 제공했다.
(the pancakes / cold / served / the busy waitress)
→

5 Jack은 아버지를 멘토라고 생각한다. (thinks / a mentor / his father / Jack / to be)
→

B 조건 영작 다음 우리말과 일치하도록 괄호 안의 단어를 활용하여 문장을 완성하시오. (필요시 어형 변화 및 단어 추가 가능, 「S+V+명사+명사(구)/형용사(구)」의 형태로 쓸 것)

1 대부분의 새는 그들의 둥지를 집으로 만든다. (a home, their nests, make)
→ Most birds _____.

2 나는 Joey가 그 상황에 화난 것을 알게 되었다. (find, angry)
→ I _____ with the situation.

3 그는 그 소년이 똑똑하다고 여겼다. (the boy, consider, smart)
→ He _____.

4 그 여자는 그 아기를 Nolan이라고 이름 지었다. (the baby, name)
→ The woman _____.

5 Jun은 그 벽을 옅은 파란색으로 칠했다. (light blue, the wall, paint)
→ Jun _____.

s+V+명사+to부정사(구)

많은 동사들이 목적어 뒤에 to부정사를 취하는데,
목적어 뒤의 to부정사는 다음과 같이 여러 의미로 해석될 수 있다.

---

1 *I* didn't have time **to clean** the room.

나는 그 방을 **청소할** 시간이 없었다. – to clean~이 앞의 명사인 time을 수식

2 *He* promised me **to come** here.
　　　　　　간접목적어　직접목적어

그는 내게 여기 **온다고** 약속했다. – me가 간접목적어, to come~은 직접목적어

3 *John* raised his hand **to ask** a question.
　　　　　　　　　　　　　　= in order to ask

John은 질문을 **하기 위해** 손을 들었다. – to ask~는 '목적'의 의미

4 I want *you* **to come** home right after school.
　　　　의미상 주어　동사

나는 *네가* 방과 후에 바로 집에 **올 것을** 원한다. – 문장의 목적어(you)가 to부정사(to come)의
　　　　　　　　　　　　　　　　　　　　　　　　의미상 주어

1~4는 to부정사의 의미가 모두 다르지만,
위의 1~3은 to부정사의 동작을
문장의 주어가 하는 것이라는 점에서 공통점이 있고
4는 문장의 목적어가 to부정사의 동작을 한다는 점이 다르다.

즉, 4의 경우 의미적으로 to부정사의 주어는
문장의 주어가 아니라 목적어이고
해석은 주로 'A(목적어)가 ~할 것을[~하도록]'이 된다.

여기에서는 이렇게 「목적어+to부정사」가
의미상 주어-동사 관계를 만드는 동사들에 대해서
집중적으로 알아보도록 하자.

One Page View 한 눈에 보는 Key Verbs, Phrases, & Sentences

패턴 15의 모든 내용이 이 한 페이지에 담겨 있습니다.

1 ~하도록 말하다[시키다] 류

구체적인 의미는 약간씩 차이가 있지만, 결국 '(목적어)가 ~하도록 말하거나 시키는 것'을 나타낸다.

tell A **to** do	A가 ~하도록 말하다	She **told** *me* **to wear** white jeans.
advise A **to** do	A가 ~하도록 조언하다	His parents **advised** *him* **to eat** less.
warn A **to** do	A가 ~하도록 경고하다	I **warned** *him* **to wear** a safety helmet.
encourage A **to** do	A가 ~하도록 격려하다	The man **encouraged** *him* **to read** clearly.
inspire A **to** do	A가 ~하도록 고무[격려]하다	The CEO **inspired** *them* **to work** harder.
urge A **to** do	A가 ~하도록 촉구하다	He **urged** *me* **to accept** his offer.
force A **to** do	A가 ~하도록 강요하다	They **forced** *us* **to follow** the rules.
ask A **to** do	A가 ~하도록 부탁하다	Can I **ask** *you* **to do** the dishes?
require A **to** do	A가 ~하도록 요구하다	The exam **required** *them* **to study** harder.
persuade A **to** do	A가 ~하도록 설득하다	Her mom **persuaded** *her* **to eat** vegetables.
order A **to** do	A가 ~하도록 명령하다	She **ordered** *him* **to answer** her question.
instruct A **to** do	A가 ~하도록 지시하다	Jim **instructed** *her* **to arrange** the meeting.
get A **to** do	A가 ~하도록 하다	The owner **gets** *him* **to water** the tree.
cause A **to** do	A가 ~하도록 하다	The horror film **caused** *them* **to cry**.
lead A **to** do	A가 ~하도록 이끌다	What **led** *you* **to become** a dentist?

2 원하다 류

want A **to** do	A가 ~하는 것을 원하다	They **want** *him* **to dance** to the music.
would like A **to** do	A가 ~하는 것을 원하다	I **would like** *you* **to read** this book.
need A **to** do	A가 ~하는 것을 필요로 하다	My son **needed** *me* **to stay** with him.

3 허락하다, 금지하다 류

allow A **to** do	A가 ~하도록 허락하다	James **allowed** *me* **to use** his computer.
permit A **to** do	A가 ~하도록 허가[허락]하다	The weather **permits** *me* **to go** for a walk.
forbid A **to** do	A가 ~하는 것을 금지하다	We **forbid** *her* **to open** the box.

4 기타

enable A **to** do	A가 ~하는 것을 가능하게 하다	Her help **enabled** *him* **to complete** the project.
expect A **to** do	A가 ~하는 것을 예상[기대]하다	They **expect** *me* **to leave** early.
help A **(to)** do	A가 ~하는 것을 돕다	Ken **is helping** *her* **(to) move** the table.
teach A **to** do	A가 ~하는 것을 가르치다	Mary **teaches** *you* **to play** the violin.
invite A **to** do	A가 ~하도록 초대하다	Kelly **invited** *me* **to come** to her party.
remind A **to** do	A가 ~하도록 상기시키다	**Remind** *me* **to bring** my lunch tomorrow.

Key Verbs 동사의 변화형 다지기

틀리기 쉬운 규칙, 불규칙 변화형부터 살펴봅니다.

빨간색은 주의해야 할 변화형을, 별(*)은 특히 틀리기 쉬운 변화형을 나타낸다.

원형	3인칭 단수 현재형	과거형	과거분사형	현재분사형
tell	tells	told	told	telling
advise	advises	advised	advised	advising
encourage	encourages	encouraged	encouraged	encouraging
inspire	inspires	inspired	inspired	inspiring
urge	urges	urged	urged	urging
force	forces	forced	forced	forcing
require	requires	required	required	requiring
persuade	persuades	persuaded	persuaded	persuading
get	gets	got	*got / gotten	getting
cause	causes	caused	caused	causing
lead	leads	*led	*led	leading
permit	permits	permitted	permitted	permitting
forbid	forbids	*forbade	*forbidden	forbidding
enable	enables	enabled	enabled	enabling
teach	teaches	*taught	*taught	teaching
invite	invites	invited	invited	inviting

[1-8] 다음 주어진 동사를 <u>시제와 수</u>에 맞게 적절히 변형하여 빈칸을 완성하시오.

1 그는 병사들이 휴식을 취하도록 **허락했다.** (permit)

He _____ the soldiers to take a break.

2 그 남자는 자신의 친구가 더 크게 이야기하도록 **말했다.** (tell)

The man has _____ his friend to speak louder.

3 우리 언니는 내가 자신의 일기를 읽는 것을 **금지했다.** (forbid)

My sister _____ me to read her diary.

4 나는 어제 내 개가 앉는 것을 **가르쳤다.** (teach)

I _____ my dog to sit yesterday.

5 비는 그녀가 택시를 타도록 **이끌었다.** (lead)

The rain _____ her to take a taxi.

6 경찰은 사람들이 그 건물에 들어가는 것을 **금지했다.** (forbid)

The police has _____ people to enter the building.

7 그녀의 엄마는 그녀가 선풍기를 켜도록 **했다.** (get)

Her mom has _____ her to turn on the fan.

8 그의 행동들은 내가 그를 벌주도록 **이끌었다.** (lead)

His actions have _____ me to punish him.

S T E P 1

Key Phrases 짧은 구 익히기

짧은 구로 기본기를 잡습니다.

[1-27] 다음 어구에 맞게 빈칸에 들어갈 단어를 쓰시오. (동사의 기본형을 사용할 것)

1	내가 입도록 말하다	t_____	m_____	w_____
2	그가 먹도록 조언하다	a_____	h_____	e_____
3	그가 쓰도록 경고하다	w_____	h_____	w_____
4	그가 읽도록 격려하다	e_____	h_____	r_____
5	그들이 일하도록 격려하다	i_____	t_____	w_____
6	내가 받아들이도록 촉구하다	u_____	m_____	a_____
7	우리가 따르도록 강요하다	f_____	u_____	f_____
8	네가 설거지하도록 부탁하다	a_____	y_____	d_____
		the d_____		
9	그들이 공부하도록 요구하다	r_____	t_____	s_____
10	그녀가 먹도록 설득하다	p_____	h_____	e_____
11	그가 대답하도록 명령하다	o_____	h_____	a_____
12	그녀가 준비하도록 지시하다	i_____	h_____	a_____
13	그가 물을 주도록 하다	g_____	h_____	w_____
14	그들이 울도록 하다	c_____	t_____	c_____
15	네가 되도록 이끌다	l_____	y_____	b_____
16	그가 춤추는 것을 원하다	w_____	h_____	d_____
17	네가 읽는 것을 원하다	w_____	l_____	y_____
		r_____		
18	내가 머무는 것을 필요로 하다	n_____	m_____	s_____
19	내가 사용하도록 허락하다	a_____	m_____	u_____
20	내가 가도록 허락하다	p_____	m_____	g_____
21	그녀가 여는 것을 금지하다	f_____	h_____	o_____
22	그가 완성하는 것을 가능하게 하다	e_____	h_____	c_____
23	내가 떠나는 것을 예상하다	e_____	m_____	l_____
24	그녀가 옮기는 것을 돕다	h_____	h_____	m_____
25	네가 연주하는 것을 가르치다	t_____	y_____	p_____
26	내가 오도록 초대하다	i_____	m_____	c_____
27	내가 가져오도록 상기시키다	r_____	m_____	b_____

[1-27] 다음 우리말을 주어진 동사를 참고하여 영작하시오.

1 그녀는 / 내가 입도록 말했다 / 하얀색 바지를. (tell)
　→

2 그의 부모님은 / 그가 먹도록 조언했다 / 더 적게. (advise)
　→

3 나는 / 그가 쓰도록 경고했다 / 안전모를. (warn)
　→

4 그 남자는 / 그가 읽도록 격려했다 / 또렷하게. (encourage)
　→

5 그 CEO는 / 그들이 일하도록 격려했다 / 더 열심히. (inspire)
　→

6 그는 / 내가 받아들이도록 촉구했다 / 그의 제안을. (urge)
　→

7 그들은 / 우리가 따르도록 강요했다 / 그 규칙들을. (force)
　→

8 제가 ~해도 될까요 / 당신이 설거지하도록 부탁(해도)? (ask)
　→

9 그 시험은 / 그들이 공부하도록 요구했다 / 더 열심히. (require)
　→

10 그녀의 엄마는 / 그녀가 먹도록 설득하셨다 / 채소를. (persuade)
　→

11 그녀는 / 그가 대답하도록 명령했다 / 그녀의 질문에. (order)
　→

12 Jim은 / 그녀가 준비하도록 지시했다 / 그 회의를. (instruct)
　→

13 그 주인은 / 그가 물을 주도록 한다 / 나무에. (get)

→

14 그 공포 영화는 / 그들이 울도록 했다. (cause)

→

15 무엇이 / 당신이 되도록 이끌었나요 / 치과의사가? (lead)

→

16 그들은 / 그가 춤추는 것을 원한다 / 음악에 맞춰. (want)

→

17 나는 / 네가 읽는 것을 원한다 / 이 책을. (would like)

→

18 내 아들은 / 내가 머무는 것을 필요로 했다 / 그와 함께. (need)

→

19 James는 / 내가 사용하도록 허락했다 / 그의 컴퓨터를. (allow)

→

20 날씨는 / 내가 가도록 허락한다 / 산책하러. (permit)

→

21 우리는 / 그녀가 여는 것을 금지한다 / 그 상자를. (forbid)

→

22 그녀의 도움이 / 그가 완성하는 것을 가능하게 했다 / 그 프로젝트를. (enable)

→

23 그들은 / 내가 떠나는 것을 예상한다 / 일찍. (expect)

→

24 Ken은 / 그녀가 옮기는 것을 돕고 있다 / 탁자를. (help)

→

25 Mary는 / 네가 연주하는 것을 가르친다 / 바이올린을. (teach)

→

26 Kelly는 / 내가 오도록 초대했다 / 그녀의 파티에. (invite)

→

27 내가 가져오도록 상기시켜 주세요 / 내 점심을 / 내일. (remind)

→

A `문장구조 파악하기` 다음 문장에서 주어, 동사, 목적어, 목적격보어(to부정사(구))를 찾아 밑줄을 긋고 각각 S, V, O, C로 표시하시오.

1 Her mom told her to brush her teeth.

2 My brother forced me to wash our dad's car.

3 The wake-up call caused me to get up early.

4 The internet enabled us to communicate internationally.

B `문장 오류 찾기` 다음 각 문장의 밑줄 친 부분이 어법상 옳으면 ○, 틀리면 ×로 표시하고 바르게 고쳐 쓰시오.

1 Firefighters wanted cars <u>move</u> out of the way.

2 He taught us <u>to dance</u> last week.

3 The secretary helped her boss <u>sign</u> the document.

4 The law requires us <u>to not park</u> there.

5 She persuaded her son <u>seeing</u> a doctor.

C `문장 오류 찾기` 다음 각 문장에서 어법상 틀린 부분을 찾아 밑줄을 긋고 바르게 고쳐 쓰시오.

1 My boss permitted me leave work early.

2 Mom ordered me to cleaning my room.

3 The boy invited her see a movie with him.

4 The music teacher instructed us singing loudly.

5 The book persuaded her volunteering.

wake-up call 모닝콜   internationally 국제적으로   secretary 비서   volunteer 자원 봉사하다

Write More! 응용 문장에 적용하기

A 배열 영작 다음 우리말과 일치하도록 괄호 안에 주어진 단어를 순서대로 배열하시오.

1 유나는 엄마가 파스타를 요리하시기를 원한다. (cook / her mom / to / Yuna / wants / pasta)

→

2 나는 고양이가 소파에서 내려가도록 명령했다. (to / I / get off / the cat / the sofa / ordered)

→

3 아내는 내가 우리 아이들을 집에 데려가도록 부탁했다.

(me / home / asked / our children / take / my wife / to)

→

4 그녀는 여동생이 과일을 따는 것을 도왔다. (her sister / the fruit / pick / to / helped / she)

→

5 고장 난 자물쇠가 도둑이 건물로 들어오는 것을 가능하게 했다.

(enabled / the thief / the building / enter / the broken lock / to)

→

B 조건 영작 다음 우리말과 일치하도록 괄호 안의 단어를 활용하여 문장을 완성하시오. (필요시 어형 변화 및 단어 추가 가능, 「S+V+명사+to부정사(구)」의 형태로 쓸 것)

1 그녀는 우리가 그녀와 함께 쇼핑하도록 초대했다. (shop, invite)

→ She _____ with her.

2 교장 선생님께서는 우리가 예의 바르게 행동하는 것을 기대하신다. (behave, expect)

→ The principal _____.

3 그 표지판은 운전자들이 천천히 운전하도록 경고한다. (drive, the sign, drivers, warn)

→ _____ slowly.

4 그 일기 예보관은 우리가 우산을 가지고 가도록 조언했다. (an umbrella, advise, carry)

→ The weather forecaster _____.

5 내 여동생은 내가 그녀에게 내 목걸이를 주도록 설득했다. (my necklace, give, persuade)

→ My sister _____ to her.

PATTERN 16

s+V+명사+v/v-ing/p.p.

앞 패턴에 이어
목적어와 목적어 뒤의 v(원형부정사), v-ing(현재분사), p.p.(과거분사)가
의미상 주어-동사 관계인 것을 살펴본다.

1 목적어 뒤에 v가 오는 경우는
'~하게 하다[시키다]'의 의미를 가지는 동사 중에서 make, let, have와
help(to부정사도 가능), 지각동사들밖에 없다.
이는 영작할 때 실수하기 쉬우므로 반드시 익혀두어야 한다.

2 v와 v-ing를 모두 쓸 수 있는 동사는
약간의 의미 차이만 있을 뿐이다.

I heard him **sing** the song.
나는 그가 노래를 부르는 것을 들었다. – 노래 시작부터 끝까지 다 들은 것

I heard him **singing** the song.
나는 그가 노래를 부르고 있는 것을 들었다. – 노래 일부를 들은 것

3 (to) v, v-ing는 목적어가 v를 직접 행하지만
p.p.는 목적어가 v의 동작을 받는다는 차이가 있다.
마치 수동태(be+p.p.)에서 p.p.가 쓰이는 것과 같다.

I want the job **finished** by tomorrow.
나는 그 일이 내일까지 완료되기를 원한다.

One Page View 한 눈에 보는 Key Verbs, Phrases, & Sentences

패턴 16의 모든 내용이 이 한 페이지에 담겨 있습니다.

1 make, let, have+A+do: A가 ~하도록 하다[시키다]

make A do	A가 ~하도록 하다	John always **makes** his wife *smile*.
let A do	A가 ~하도록 하다 ((허용))	**Let** me *do* it.
have A do	A가 ~하도록 하다 ((사역))	I'll **have** him *see* his room.

2 feel, see, hear etc.+A+do[doing]: A가 ~하(고 있)는 것을 느끼다[보다, 듣다 등]

feel A do[doing]	A가 ~하(고 있)는 것을 느끼다	I **feel** something *tickle[tickling]* my back.
see A do[doing]	A가 ~하(고 있)는 것을 보다	She **saw** a dog *run[running]* across the road.
watch A do[doing]	A가 ~하(고 있)는 것을 보다	I **watched** my mom *knit[knitting]* a sweater.
observe A do[doing]	A가 ~하(고 있)는 것을 보다	He **observed** a cat *hang[hanging] around* his house.
hear A do[doing]	A가 ~하(고 있)는 것을 듣다	I **heard** the bell *ring[ringing]* at midnight.
notice A do[doing]	A가 ~하(고 있)는 것을 알아차리다	I **noticed** her *hide[hiding]* behind the sofa.

3 find, keep etc.+A+doing: A가 ~하는 것을 알다[계속 ~하도록 하다]

find A doing	A가 ~하는 것을 알다	I **found** the baby *crying* from hunger.
keep A doing	A가 계속 ~하도록 하다	Our teacher **kept** us *studying* after class.
leave A doing	A가 계속 ~하도록 하다	You shouldn't **leave** me *waiting*.

4 make, have, get 류: A가 ~되도록 하다[시키다]

make A done	A가 ~되도록 하다	Adam can **make** himself *understood* in Korean.
have A done	A가 ~되도록 하다 A가 ~되는 것을 당하다	She **had** the car *washed*. She **had** her bag *stolen*.
get A done	A가 ~되도록 하다	Please **get** your work *finished* by tomorrow.
keep A done	A가 ~된 채로 두다	You should **keep** this letter *hidden*.
leave A done	A가 ~된 채로 두다	You'd better **leave** the truth *unsaid*.
find A done	A가 ~된 것을 알다	We **found** the park *crowded* after lunch.
feel A done	A가 ~되는 것을 느끼다	I **felt** myself *lifted up* by balloons.
see A done	A가 ~되는 것을 보다	I **saw** the building *shaken* by the earthquake.
hear A done	A가 ~되는 것을 듣다	I **heard** my name *called* during class.
like A done	A가 ~된 것을 좋아하다	The author **liked** his book *used* in schools.
need A done	A가 ~될 필요가 있다	You **need** your body *examined* regularly.
want A done	A가 ~되는 것을 원하다	I **want** this watch *repaired* immediately.

Key Verbs

Key Phrases

Key Sentences

Key Verbs 동사의 변화형 다지기

틀리기 쉬운 규칙, 불규칙 변화형부터 살펴봅니다.

빨간색은 주의해야 할 변화형을, 별(*)은 특히 틀리기 쉬운 변화형을 나타낸다.

원형	3인칭 단수 현재형	과거형	과거분사형	현재분사형
make	makes	*made	*made	making
let	lets	*let	*let	letting
have	has	*had	*had	having
feel	feels	*felt	*felt	feeling
see	sees	*saw	*seen	seeing
observe	observes	observed	observed	observing
hear	hears	heard	heard	hearing
notice	notices	noticed	noticed	noticing
find	finds	*found	*found	finding
keep	keeps	*kept	*kept	keeping
leave	leaves	*left	*left	leaving
get	gets	got	*got / gotten	getting
like	likes	liked	liked	liking

[1-10] 다음 주어진 동사를 시제와 수에 맞게 적절히 변형하여 빈칸을 완성하시오.

1　Jamie는 물이 창문에 흘러내리고 있는 것을 **보고 있다**. (observe)

Jamie is _____ the water dripping down the window.

2　나는 지난주에 식기 세척기가 수리**되도록 했다**. (get)

I _____ my dishwasher repaired last week.

3　그녀는 아들이 컴퓨터 게임을 하**도록 했다**. (let)

She _____ her son play computer games.

4　Erin은 벌레 한 마리가 팔에 기어오르고 있는 것을 **느꼈다**. (feel)

Erin _____ a bug walking up her arm.

5　Kyle은 그 문이 잠긴 것을 **알았다**. (find)

Kyle _____ the door locked.

6　나는 어제 내 머리카락이 잘리**도록 했다**. (have)

I _____ my hair cut yesterday.

7　그 배우의 훌륭한 연기는 내가 **계속** 시청하**도록 해 왔다**. (keep)

The actor's great acting has _____ me watching.

8　경찰은 그 남자가 문을 열**도록 했다**. (make)

The police officer _____ the man open the door.

9　우리는 새들이 지저귀고 있는 것을 **들었다**. (hear)

We _____ the birds singing.

10　나는 밤새도록 TV가 켜진 **채로 두었다**. (leave)

I _____ the TV turned on all night.

STEP 1

Key Phrases 짧은 구 익히기

짧은 구로 기본기를 잡습니다.

[1-25] 다음 어구에 맞게 빈칸에 들어갈 단어를 쓰시오. (동사의 기본형을 사용할 것)

1 그의 부인이 웃도록 하다　　　　　　　m＿＿＿＿ h＿＿＿＿＿ w＿＿＿＿ s＿＿＿＿＿

2 내가 하도록 하다　　　　　　　　　　l＿＿＿＿ m＿＿＿＿ d＿＿＿＿＿

3 그가 보도록 하다　　　　　　　　　　h＿＿＿＿ h＿＿＿＿ s＿＿＿＿

4 무언가가 간지럽히(고 있는) 것을 느끼다　f＿＿＿＿＿ s＿＿＿＿＿ t＿＿＿＿＿

5 개 한 마리가 뛰(고 있는) 것을 보다　　s＿＿＿＿＿ a d＿＿＿＿＿ r＿＿＿＿＿

6 우리 엄마가 뜨개질하(고 있는) 것을 보다　w＿＿＿＿＿ m＿＿＿＿ m＿＿＿＿ k＿＿＿＿＿

7 고양이 한 마리가 어슬렁거리(고 있는) 것을 보다　o＿＿＿＿＿ a c＿＿＿＿＿ h＿＿＿＿ a＿＿＿＿

8 초인종이 울리(고 있는) 것을 듣다　　h＿＿＿＿ the b＿＿＿＿＿ r＿＿＿＿＿

9 그녀가 숨은[숨고 있는] 것을 알아차리다　n＿＿＿＿＿ h＿＿＿＿ h＿＿＿＿

10 아기가 우는 것을 알다　　　　　　　f＿＿＿＿＿ the b＿＿＿＿＿ c＿＿＿＿

11 우리가 계속 공부하도록 하다　　　　k＿＿＿＿ u＿＿＿＿ s＿＿＿＿

12 내가 계속 기다리도록 하다　　　　　l＿＿＿＿ m＿＿＿＿ w＿＿＿＿

13 그 자신이 이해되도록 하다　　　　　m＿＿＿＿ h＿＿＿＿ u＿＿＿＿

14 차가 씻기도록 하다(세차하다)　　　　h＿＿＿＿ the c＿＿＿＿ w＿＿＿＿

15 그녀의 가방이 훔쳐지는 것을 당하다　h＿＿＿＿ h＿＿＿＿ b＿＿＿＿ s＿＿＿＿＿

16 당신의 일이 끝내지도록 하다　　　　g＿＿＿＿ y＿＿＿＿ w＿＿＿＿ f＿＿＿＿

17 이 편지가 숨겨진 채로 두다　　　　　k＿＿＿＿ t＿＿＿＿＿ l＿＿＿＿ h＿＿＿＿＿

18 진실이 말해지지 않은 채로 두다　　　l＿＿＿＿ the t＿＿＿＿ u＿＿＿＿

19 그 공원이 붐비게 된 것을 알다　　　f＿＿＿＿＿ the p＿＿＿＿＿ c＿＿＿＿

20 내 자신이 들어 올려지는 것을 느끼다　f＿＿＿＿ m＿＿＿＿ l＿＿＿＿ u＿＿＿＿

21 그 건물이 흔들려지는 것을 보다　　　s＿＿＿＿ the b＿＿＿＿＿ s＿＿＿＿

22 내 이름이 불리는 것을 듣다　　　　　h＿＿＿＿＿ m＿＿＿＿ n＿＿＿＿ c＿＿＿＿

23 그의 책이 사용되는 것을 좋아하다　　l＿＿＿＿ h＿＿＿＿ b＿＿＿＿ u＿＿＿＿

24 네 몸이 검진되게 할 필요가 있다　　n＿＿＿＿ y＿＿＿＿ b＿＿＿＿ e＿＿＿＿

25 이 시계가 수리되는 것을 원하다　　　w＿＿＿＿ t＿＿＿＿ w＿＿＿＿ r＿＿＿＿

Key Sentences 문장 도전하기

구를 익혔으니 문장 쓰기에 도전할 수 있습니다.

[1-25] 다음 우리말을 주어진 동사를 참고하여 영작하시오.

1 John은 / 항상 그의 부인이 웃도록 한다. (make)
→

2 제가 하도록 해주세요 / 그것을. (let)
→

3 나는 / 그가 보도록 할 것이다 / 그의 방을. (have)
→

4 나는 / 무언가가 간지럽히(고 있)는 것을 느낀다 / 내 등을. (feel)
→

5 그녀는 / 개 한 마리가 뛰(고 있)는 것을 보았다 / 도로를 가로질러. (see)
→

6 나는 / 우리 엄마가 뜨개질하(고 있)는 것을 보았다 / 스웨터를. (watch)
→

7 그는 / 고양이 한 마리가 어슬렁거리(고 있)는 것을 보았다 / 그의 집 주변을. (observe)
→

8 나는 / 초인종이 울리(고 있)는 것을 들었다 / 한밤중에. (hear)
→

9 나는 / 그녀가 숨은[숨고 있는] 것을 알아차렸다 / 그 소파 뒤에. (notice)
→

10 나는 / 아기가 우는 것을 알았다 / 배가 고파서. (find)
→

11 우리 선생님께서 / 우리가 계속 공부하도록 하셨다 / 방과 후에. (keep)
→

12 너는 / 내가 계속 기다리도록 하지 말아야 한다. (leave)
→

13　Adam은 / 자신이 이해되도록 할 수 있다 / 한국어로. (make)

　　→

14　그녀는 / 차가 씻기도록 했다(세차했다). (have)

　　→

15　그녀는 / 자신의 가방이 훔쳐지는 것을 당했다(가방을 도난 당했다). (have)

　　→

16　부디 / 당신의 일이 끝내지도록 해주세요 / 내일까지. (get)

　　→

17　너는 / 이 편지가 숨겨진 채로 두어야 한다. (keep)

　　→

18　너는 ～하는 게 낫다 / 진실이 말해지지 않은 채로 두는. (leave)

　　→

19　우리는 / 그 공원이 붐비게 된 것을 알았다 / 점심시간 이후에. (find)

　　→

20　나는 / 내 자신이 들어 올려지는 것을 느꼈다 / 풍선에 의해. (feel)

　　→

21　나는 / 그 건물이 흔들려지는 것을 보았다 / 지진으로. (see)

　　→

22　나는 / 내 이름이 불리는 것을 들었다 / 수업 중에. (hear)

　　→

23　그 작가는 / 자신의 책이 사용되는 것을 좋아했다 / 학교에서. (like)

　　→

24　너는 / 네 몸이 검진되게 할 필요가 있다 / 정기적으로. (need)

　　→

25　나는 / 이 시계가 수리되는 것을 원한다 / 즉시. (want)

　　→

Must-Knows! 문어법 짚어보기

꼭 알아야 할 문어법을 짚고 넘어갑니다.

A `문장구조 파악하기` 다음 문장에서 주어, 동사, 목적어, 목적격보어(v, v-ing, p.p.)를 찾아 밑줄을 긋고 각각 S, V, O, C로 표시하시오.

1 He heard the song play on the radio.

2 The boy's words had her smile brightly.

3 He left the front door locked.

4 The girl wants her photo taken.

B `문장 오류 찾기` 다음 각 문장의 밑줄 친 부분이 어법상 옳으면 ○, 틀리면 ✕로 표시하고 바르게 고쳐 쓰시오.

1 You need your hands <u>wash</u> before dinner.

2 I saw my sister <u>hidden</u> her diary.

3 Annie had the clerk <u>shown</u> her the purple dress.

4 She kept the flower <u>dried</u> in her room.

C `문장 오류 찾기` 다음 우리말에 맞도록 각 문장에서 어법상 **틀린** 부분을 찾아 밑줄을 긋고 바르게 고쳐 쓰시오.

1 수학을 배우는 것은 그녀가 좌절되게 한다.
   Learning math makes her frustrating.

2 우리는 그 무서운 유령이 나타나고 있는 것을 보았다.
   We saw the scary ghost appeared.

3 그는 자신의 딸이 그 차를 운전하게 했다.
   He let his daughter driven the car.

4 Evelyn은 책상 위에 그 물병이 닫힌 채로 두었다.
   Evelyn kept the water bottle close on her desk.

5 그 소녀는 남동생이 그녀가 제일 좋아하는 모자를 쓰고 있는 중인 것을 알았다.
   The girl found her brother worn her favorite cap.

clerk 점원

Write More! 응용 문장에 적용하기

새로운 응용 문장에 학습한 내용을 적용해 봅니다.

A 〔배열 영작〕 다음 우리말과 일치하도록 괄호 안에 주어진 단어를 순서대로 배열하시오.

1 Madeline은 내가 방에 들어가는 것을 알아차리지 못했다.

(me / the room / Madeline / enter / didn't notice)

→

2 그는 그 수학 문제가 복잡한 것을 알았다.

(the math problem / he / complicated / found)

→

3 그 경찰관은 용의자가 계속 이야기하도록 했다.

(talking / kept / the police officer / the suspect)

→

4 우리 아빠는 매일 아침 신문이 배달되도록 하신다.

(the newspaper / my dad / every morning / delivered / gets)

→

5 그는 자기 아이들이 자는 척하고 있는 것을 보았다.

(to sleep / he / observed / pretending / his children)

→

B 〔조건 영작〕 다음 우리말과 일치하도록 괄호 안의 단어를 활용하여 문장을 완성하시오. (필요시 어형 변화 및 단어 추가 가능, 「S+V+명사+v/v-ing/p.p.」의 형태로 쓸 것)

1 그녀는 자신의 볼이 빨갛게 변하고 있는 것을 느꼈다. (feel, her cheeks, turn red)

→ She _____ .

2 그 여자는 자신의 머리카락이 갈색으로 염색되도록 했다. (dye, the woman, make)

→ _____ brown.

3 나는 그 일기 예보관이 날씨에 관해 이야기하고 있는 것을 들었다. (the weather forecaster, hear, talk)

→ I _____ about the weather.

4 관중들은 그 축구 선수가 골을 넣는 것을 보았다. (make a goal, watch, the soccer player)

→ The spectators _____ .

5 그녀는 손톱이 전문가에 의해 칠해지는 것을 원한다. (want, her nails, paint)

→ _____ by a professional.

OVERALL TEST 6

A 다음 각 네모 안에서 어법과 문맥상 맞는 것을 고르시오.

1 We thought the game complicated / complicatedly .

2 The man observed the bird eat / eaten a worm.

3 He reminded me leave / to leave for school early.

4 I felt the temperature outside decreasing / to decrease .

5 The librarian ordered the students keep / to keep quiet.

6 He saw his friend walk / to walk down the street.

7 The funny joke had him laugh / to laugh .

8 Dr. Miller invited his students have / to have dinner with him.

9 She watched her sister to dance / dancing on stage.

10 Experts believe the event serious / seriously .

B 다음 빈칸에 들어갈 단어를 〈보기〉에서 골라 어법과 문맥상 알맞은 형태로 바꿔 쓰시오. (단, 한 번씩만 쓸 것)

〈보기〉	answer	study	pierce	come
	carry	open	fall	concentrate

1 She had her daughter's ears _____.

2 He felt the sweat _____ down his face.

3 Her teacher advised her _____ harder to become a doctor.

4 The giraffe heard the lion _____ closer.

5 The delivery man noticed the door _____ slowly.

6 My dad urged me _____ on my studies.

7 The professor asked him _____ the question.

8 The old lady let me _____ her luggage.

C 다음 문장의 굵게 표시한 부분에 유의하여 해석을 완성하시오.

1   He noticed **the mosquito fly around his face**.

  → 그는 _____ 알아차렸다.

2   The teacher made **us clean the classroom**.

  → 그 선생님은 _____ 하셨다.

3   The scientist called **the discovery an innovation**.

  → 그 과학자는 _____ 불렀다.

4   The president appointed **her the new director**.

  → 그 회장은 _____ 임명했다.

5   My dad reminded **my little brother to bring an umbrella**.

  → 우리 아빠는 _____ 상기시키셨다.

D 다음 우리말과 일치하도록 괄호 안에 주어진 단어를 순서대로 배열하시오.

1   그는 작년에 그 다리가 지어진 것을 보았다. (built / saw / last year / he / the bridge)

  →

2   그 남자는 자신의 발명품에 '요리 로봇'이라는 이름을 지어주었다.

  (his invention / the man / 'the cooking robot' / named)

  →

3   그 기사는 그가 가난한 사람들을 생각하도록 했다.

  (to / the poor / him / got / think of / the article)

  →

4   Tracy의 아버지는 그녀가 일찍 자러 가도록 촉구했다.

  (her / to / urged / Tracy's father / go to sleep / early)

  →

5   사람들은 우리 할머니의 파이가 가장 맛있다고 여긴다.

  (my grandmother's pie / people / most delicious / consider)

  →

쎄듀 본영어

<쎄듀 종합영어> 개정판

고등영어의
근본을
바로 세운다!

◈ 문법편

1 내신·수능 대비 문법/어법

2 올바른 해석을 위한 독해 문법

3 내신·수능 빈출 포인트 수록

4 서술형 문제 강화

◌ 문법적용편

1 문법편에서 학습한 내용을
문법/어법 문제에 적용하여 완벽 체화

2 내신·서술형·수능으로 이어지는
체계적인 3단계 구성

◌ 독해적용편

1 문법편에서 학습한 내용을
독해 문제에 적용하여 독해력 완성

2 대의 파악을 위한 수능 유형과 지문 전체를
리뷰하는 내신 유형의 이원화된 구성

쎄듀런

① 구문 — 판매 1위 '천일문' 콘텐츠를 활용하여 정확하고 다양한 구문 학습

(끊어읽기) (해석하기) (문장 구조 분석) (해설·해석 제공) (단어 스크램블링) (영작하기)

② 문법·서술형 — 쎄듀의 모든 문법 문항을 활용하여 내신까지 해결하는 정교한 문법 유형 제공

(객관식과 주관식의 결합) (문법 포인트별 학습) (보기를 활용한 집합 문항) (내신대비 서술형) (어법+서술형 문제)

③ 어휘 — 초·중·고·공무원까지 방대한 어휘량을 제공하며 오프라인 TEST 인쇄도 가능

(영단어 카드 학습) (단어 ↔ 뜻 유형) (예문 활용 유형) (단어 매칭 게임)

④ 선생님 보유 문항 이용

(Online Test) (OMR Test)

cafe.naver.com/cedulearnteacher

쎄듀런 학습 정보가 궁금하다면?

쎄듀런 Cafe

· 쎄듀런 사용법 안내 & 학습법 공유
· 공지 및 문의사항 QA
· 할인 쿠폰 증정 등 이벤트 진행

올쏨
서술형 시리즈 1

기본 문장 PATTERN

정답 및 해설

쎄듀

올씸

정답 및 해설

기본 문장 PATTERN

PART 1

PATTERN 1 | s+V

One Page View   p.13

1 네 핸드폰은 탁자 위에 있다. / 변화가 즉시 나타나지는 않을 것이다. / 그는 영원히 사라졌다. / 그 노인은 갑자기 죽었다.

2 너는 몇 시에 이곳에 도착했니? / 너는 어떻게 그곳에 도착할 거니? / 모기 한 마리가 방 안으로 들어왔다. / 부디 조용히 들어오세요. / 우리는 집에 가야 한다. / Peter와 그의 가족은 근처에 살고 있다. / 잎사귀들이 바닥으로 떨어지고 있다. / 그는 빨리 달리고 있다. / 태양은 동쪽에서 뜬다.

3 약간의 미세 먼지가 대기 중에 남아 있을 수 있다. / Julia는 아파서 침대에 머무를 것이다. / 그 기차는 그 역에서 멈출 것이다. / 우리 학교는 언덕에 세워져 있다.

4 미래에는 무슨 일이 일어날까? / 지진이 자주 발생한다.

5 John이 조심스럽게 일어서고 있다. / 부디 이제 앉아주세요. / 너는 잠깐 누워 있어야 한다. / 그녀는 악몽에서 깼다. / 우리 할아버지께 서는 일찍 일어나신다.

6 내게 거짓말하지 마라.

STEP 0   Key Verbs p.14

1 gone	2 were	3 dying	4 come
5 fallen	6 woken	7 lay down	8 got[gotten]
9 lying	10 stood[were standing]		

STEP 1   Key Phrases p.15

1 be on the table	2 appear immediately
3 disappear forever	4 die suddenly
5 arrive here	6 get there
7 come into the room	8 come in quietly
9 go home	10 live nearby
11 fall on the ground	12 run quickly
13 rise in the east	14 remain in the air
15 stay in bed	16 stop at the station
17 stand on the hill	18 happen in the future
19 occur frequently	20 stand up carefully
21 sit down now	22 lie down for a while
23 wake up from a nightmare	
24 get up early	25 lie to me

STEP 2   Key Sentences p.16~17

1 Your cell phone is on the table.
2 The change will not appear immediately.
3 He disappeared forever.
4 The old man died suddenly.
5 What time did you arrive here?
6 How will you get there?
7 A mosquito came into the room.
8 Please come in quietly.
9 We should go home.
10 Peter and his family are living nearby.
11 The leaves are falling on the ground.
12 He is running quickly.
13 The sun rises in the east.
14 Some fine dust can remain in the air.
15 Julia is sick and will stay in bed.
16 The train will stop at the station.
17 Our school stands on the hill.
18 What is going to happen in the future?
19 Earthquakes occur frequently.
20 John is standing up carefully.
21 Please sit down now.
22 You need to lie down for a while.
23 She woke up from a nightmare.
24 My grandfather gets up early.
25 Don't lie to me.

Must-Knows! p.18

A 1 S: Henry, V: will be
   2 S: Some students, V: remained
   3 S: I, V: arrived
   4 S: The first snow, V: fell
   5 S: Bruises, V: can appear

1 Henry는 내일 아침에 여기 있을 것이다.
2 방과 후에 몇몇 학생들이 남았다.
3 나는 제시간에 연주회에 도착했다.
4 첫눈이 전국에 내렸다.
5 부상 후에 곧 멍이 나타날 수 있다.

B
1 to home → home
2 in yesterday → yesterday
3 to this way → this way
4 on last year → last year
5 in every evening → every evening

1 그는 어젯밤에 집으로 갔다.
2 Mary는 어제 이곳에 도착했다.
3 이쪽으로 와주시겠어요?
4 그들은 작년에 같은 호텔에 머물렀다.
5 그 버스는 매일 저녁 서울역에 정차한다.

Write More! p.19

A
1 The star disappeared from the sky.
2 The sea level rises every year.
3 My friend comes toward me.
4 She woke up in the middle of the night.
5 Sean got to the bus stop an hour early.

B
1 was under the bed
2 lived in Toronto
3 Peter lay down on the sofa
4 remained in the hospital
5 occurred in Japan

3 lie down은 '눕다'의 뜻으로, lie(눕다)의 과거형은 lay이다. lied는 'lie(거짓말 하다)'의 과거형이다.

PATTERN 2 | s+BE+형용사(구)

One Page View p.21

1 그 영웅은 용감하고 강했다. / 저 집은 오랫동안 비어 있었다. / 여행 가방이 바닥에 열려 있었다. / 그녀는 두려워하는 것 같지 않았다. / 저 책은 어려워 보인다. / 너는 지금 행복해 보인다. / 나는 자유로운 기분을 느끼고 있었다. / 저녁 식사는 아주 좋은 냄새가 난다. / 그의 목소리는 전화상으로 이상하게 들렸다. / 그것은 달고 짠맛이 난다.
2 그녀는 인기를 얻게 되고 있었다. / 그녀는 준비가 되는 중이다. / 하늘이 어두워졌다. / 꿈은 이루어질 수 있다. / 나뭇잎들이 갈색이 되고 있었다. / 그는 소파에서 잠들었다. / 이 우유는 시큼해졌다[상했다]. / 그 강은 말라 버렸다. / 어떻게 내가 따뜻하게 유지할 수 있나요? / 그는 침묵했다. / 그 가게는 밤 10시까지 열려 있다.

STEP 0 Key Verbs p.22

1 were	2 became	3 came	4 lying
5 gone	6 got[gotten]	7 kept	8 stood
9 felt	10 run	11 grown	

STEP 1 Key Phrases p.23

1 be brave and strong	2 stand empty
3 lie open	4 appear afraid
5 look difficult	6 seem happy
7 feel free	8 smell good

9 sound strange
10 taste sweet and salty
11 become popular
12 get ready
13 grow dark
14 come true
15 turn brown
16 fall asleep
17 go sour
18 run dry
19 keep warm
20 remain silent
21 stay open

STEP 2 Key Sentences p.24~25

1 The hero was brave and strong.
2 That house stood empty for a long time.
3 A suitcase lay open on the floor.
4 She didn't appear afraid.
5 That book looks difficult.
6 You seem happy now.
7 I was feeling free.
8 Dinner smells very good.
9 His voice sounded strange on the phone.
10 It tastes sweet and salty.
11 She was becoming popular.
12 She's getting ready.
13 The skies grew dark.
14 Dreams can come true.
15 The leaves were turning brown.
16 He fell asleep on the sofa.

17 This milk went sour.
18 The river ran dry.
19 How can I keep warm?
20 He remained silent.
21 The store stays open until 10 p.m.

C 1 ① 2 ④ 3 ② 4 ③

1 그의 딸은 사랑스럽게 자란다.
2 그 학생들은 줄을 서서 질서 있게 유지한다.
3 구석에 있는 그 소녀는 외로워 보인다.
4 운동장에 있는 그 아이들은 계속 활기차 있다.

Must-Knows! p.26

A 1 timely 2 costly 3 friendly

1 산불 후에, 폭우는 시기적절했다.
  ▶ '시기적절한'이라는 의미의 timely는 주어인 폭우를 설명하는 형용사이다.
2 맨 위 선반에 있는 그 가방은 값비싸 보인다.
  ▶ '값비싼'이라는 의미의 costly는 주어인 가방을 설명하는 형용사이다.
3 내 담임 선생님께서는 항상 친절하셨다.
  ▶ '친절한'이라는 의미의 friendly는 주어인 담임 선생님을 설명하는 형용사이다.

B 1 S: The campers, V: kept, C: warm
  2 S: All the players, V: got, C: ready
  3 S: Our dreams, V: will come, C: true
  4 S: The injury, V: looked, C: deadly

1 그 야영객들은 불 주위에서 따뜻한 채로 있었다.
2 모든 선수들은 시합에 준비가 되었다.
3 우리의 꿈은 언젠가 실현될 것이다.
4 그 당시 그 부상은 치명적인 것으로 보였다.
  ▶ deadly는 '치명적인'이라는 의미의 형용사로 주어인 The injury를 보충 설명한다.

Write More! p.27

A 1 This cake is so delicious.
  2 That frog appears poisonous.
  3 We felt hungry after climbing.
    [After climbing we felt hungry.]
  4 The apples went bad very quickly.
    [The apples very quickly went bad.]
  5 Her face went red with embarrassment.

B 1 Coffee tastes bitter
  2 They kept friendly
  3 felt sad and lonely that night
  4 he looked anxious
  5 The weather remained hot

3 접속사 and는 형용사 보어 sad와 lonely를 연결한다.

PATTERN 3 | s+BE+형용사구/명사(구)

One Page View p.29

1 그녀는 건강이 나쁜 상태이다. / 그 교수는 존경을 받고 있다. / 그 오래된 건물은 폐허 상태에 있었다. / 그녀는 30대처럼 보인다. / 그 아이는 약 여덟 살로 보였다. / 나의 아버지는 기분이 좋아 보이신다.
2 이 스카프는 실크처럼 느껴진다. / 그녀는 아름다운 모델처럼 보인다. / 저 향수는 장미 같은 냄새가 난다. / 네 생각은 좋은 것(생각)처럼 들린다. / 이 주스는 망고 같은 맛이 난다.
3 정직이 성공적인 사업의 비결이다. / 그는 졸업 후에 의사가 되었다. / 미세 먼지는 중대한 문제가 되었다. / 그녀는 언젠가 훌륭한 간호사가 될 것이다. / 이 나무토막은 좋은 선반이 될 것이다. / 이것은 내게 좋은 기억으로 남을 것이다. / 축구는 여전히 인기 있는 스포츠이다. / 그는 평범한 사람처럼 보인다. / 그들은 젊은 부부처럼 보였다.

STEP 0 Key Verbs p.30

1 lay	2 became	3 felt	4 is	5 been
6 been	7 stood	8 was	9 become	10 lying

STEP 1 Key Phrases p.31

1 be in poor health	2 stand in respect
3 lie in ruins	4 appear in her thirties
5 look under eight years old	
6 seem in a good mood	7 feel like silk
8 look like a beautiful model	

9 smell like roses
10 sound like a good one
11 taste like mango　　12 be the key
13 become a doctor
14 become a major problem
15 make a good nurse　　16 make a good shelf
17 remain a good memory
18 remain a popular sport
19 appear a normal person
20 seem a young couple

STEP 2　Key Sentences　　　　　　p.32~33

1 She is in poor health.
2 The professor stands in respect.
3 The old building lay in ruins.
4 She appears in her thirties.
5 The child looked about eight years old.
6 My father seems in a good mood.
7 This scarf feels like silk.
8 She looks like a beautiful model.
9 That perfume smells like roses.
10 Your idea sounds like a good one.
11 This juice tastes like mango.
12 Honesty is the key to a successful business.
13 He became a doctor after graduation.
14 Fine dust became a major problem.
15 She will make a good nurse one day.
16 This piece of wood will make a good shelf.
17 This will remain a good memory to me.
18 Soccer remains a popular sport.
19 He appears a normal person.
20 They seemed a young couple.

A 1 S: The book, V: is, C: unlike any other
　2 S: The negotiation, V: appears, C: in process
　3 S: The patient, V: looks, C: in pain
　4 S: This room, V: will make, C: a wonderful place
　5 S: Happiness, V: is, C: the most important thing

1 그 책은 어느 다른 것과는 다르다.
2 협상이 진행 중인 것 같다.
3 침대에 있는 그 환자는 고통스러워 보인다.
4 이 방은 놀라운 곳이 될 것이다.
5 행복은 내게 가장 중요한 것이다.

B 1 grapefruit → like grapefruit
　2 a lemon → like a lemon
　3 looks at → looks like
　4 feel like → feel

4 여기에서 cold(추운)는 형용사로 감각동사 feel의 보어로 쓰였다.

Write More!　　　　　　p.35

A 1 Heart disease became a cause of death.
　2 Lisa will make a good pilot.
　3 The CEO of the company is in debt.
　4 Robert remains a world-class baseball player.
　5 That appears the old curtain.

B 1 tastes like tomatoes
　2 He became a professor
　3 remains a mystery
　4 sounds like a cat's crying
　5 seems off duty

OVERALL TEST 1　　　　　　p.36~37

A 1 angry　　2 suddenly　　3 late　　4 rapidly
　5 lately　　6 dangerous　　7 silent　　8 lied
　　9 confident　　10 lain

1 Miller 부인은 매우 화가 나 보인다.
　▶ 「s+V+형용사」 문형으로 '~처럼 보이다'라는 의미의 동사 appear 의 보어 역할을 하는 형용사 angry가 적절하다. angrily는 '화나서' 라는 의미의 부사이다.
2 내 앞에 있는 그 남자가 갑자기 멈추었다.

　▶ 「s+V」 문형으로 동사 stop(멈추다)을 꾸며주는 부사 suddenly (갑자기)가 알맞다. sudden은 '갑작스러운'이라는 의미의 형용사 이다.
3 나는 오늘 아침에 늦게 일어났다.
　▶ 여기서는 문맥상 late가 알맞다. late는 '늦게'라는 의미의 부사이 고, lately는 '최근에'라는 의미의 부사이다.
4 시간은 매우 빠르게 간다.
　▶ 「s+V」 문형으로 동사 go(가다)를 꾸며주는 부사 rapidly(빨리, 신속히)가 알맞다. rapid는 '빠른, 신속한'이라는 의미의 형용사이다.

5 놀라운 사건이 최근에 발생했다.
   ▸ 문맥상 '최근에'라는 의미의 lately가 와야 한다.
6 그 컴퓨터 바이러스는 위험해 보였다.
   ▸ seem은 '~처럼 보이다'라는 의미로 형용사를 보어로 취하므로, 형용사인 dangerous(위험한)가 답이 된다. dangerously는 '위험하게'라는 의미의 부사이다.
7 부디 지하철에서 조용히 해주십시오.
   ▸ 「s+V+형용사」 문형으로 '~인 채로 있다. 유지하다'라는 의미의 동사 remain의 보어 역할을 하는 형용사인 silent(조용한)가 쓰인다. silently는 '조용히'라는 의미의 부사.
8 Tom은 내게 여러 번 거짓말을 했다.
   ▸ 문맥상 '거짓말하다'의 의미를 가진 동사 lie의 과거형은 lied가 알맞다. laid는 lay(놓다, 두다)의 과거형이다.
9 우리 형은 언제나 자신만만하게 들린다.
   ▸ 감각동사 sound는 형용사를 보어로 취하므로, 형용사인 confident(자신만만한)가 답이 된다.
10 그 교회는 1990년 이래로 비어져 있는 상태이다.
   ▸ 문맥상 '(어떤 상황·상태에) 있다'라는 의미를 가진 동사 lie의 과거분사형 lain이 알맞다. lied는 lie(거짓말하다)의 과거분사형이다.

B 1 ① 2 ② 3 ② 4 ① 5 ② 6 ① 7 ① 8 ②

1 침대 밑에 많은 양말들이 있다.
2 이 옷감은 부드럽고 매끄럽다.
3 내 엄지손가락이 서서히 멍이 들었다.
4 그 토끼는 자신의 굴로 갔다.
5 내 컴퓨터 의자가 부러진 것 같다.
6 내가 가장 좋아하는 가수가 어젯밤 내 꿈에 나타났다.
7 그 소년의 손에 흙이 남아 있었다.
8 그녀의 고양이는 하루 종일 잠들어 있었다.

C 1 ○ 2 ✕ → awake 3 ✕ → this morning
   4 ○ 5 ✕ → in London 6 ✕ → smells like
   7 ○ 8 ○

1 나는 여동생 생각에 슬퍼졌다.
2 Eva는 밤에 깨어 있었다.
   ▸ 「s+V+형용사」 문형으로 동사 stand의 보어 역할을 하는 형용사가 와야 하므로 동사 wake(깨다)를 형용사 awake(깨어 있는)로 바꿔야 한다.
3 오늘 아침에 Jim은 몇 시에 일어났니?
   ▸ this morning은 부사로 전치사를 취하지 않는다.
4 그녀의 향수 냄새가 공기 중에 남아 있다.
5 나는 2주 동안 런던에 머무를 예정이다.
   ▸ 「s+V」 문형으로 stay(~에 머무르다) 뒤에 장소를 나타내는 부사구(전치사+명사)가 온다.
6 이 샴푸는 수박 같은 냄새가 난다.
   ▸ 감각동사 smell 뒤에 명사인 watermelon이 왔으므로 「감각동사+like+명사」 형태가 되어야 한다. smell like는 '~ 같은 냄새가 나다'라는 의미이다.
7 그 기차는 폭우로 인해 멈추었다.
8 Jake는 고향에 돌아오니 이상한 기분이 들었다.
   ▸ 감각동사 feel은 「s+be+형용사」 문형을 취하므로 형용사 strange는 적절하다.

D 1 happened at school
   2 look colorful
   3 The roses grew large
   4 was wise and beautiful
   5 remains a secret
   6 The dog stood quietly[The dog quietly stood]
   7 tastes like mint chocolate
   8 The plan seemed impossible

PART 2

PATTERN 4 | s+V+명사(구)

One Page View   p.41

나는 매일 아침 우유 한 잔을 마신다. / 너는 색깔을 선택할 수 있다. / 너는 시간이 더 필요하니? / 나는 이번 주말에 조부모님을 방문할 것이다. / 그 코치는 그 팀을 칭찬했다. 나는 내 친구와 병원까지 동행했다. / 우리는 이제 인터넷에 접속할 수 있다. / 그는 세미나에서 청중에게 연설했다. / 그는 질문들에 정확히 대답했다. / 새벽이 그 마을에 다가오고 있다. / 그 CEO는 그 회의에 참석할 수 없었다. / 너의 새 헤어스타일은 정말 네게 어울린다. / 그 남자는 경찰에게 전화했다. / Lily는 내 제안에 대해 고려했다. / 나는 방과 후에 네게 연락할 것이다. / 그 학생들은 그 주제에 대해 토론했다. / 엄마가 화장실에 들어가셨다. / 매니저는 직원들에게 그 문제에 대해 설명했다. / 스마트폰은 학습에 영향을 미친다. / 일부 직원들은 사무실에서 일찍 떠난다. / 그녀는 미래에 그와 결혼할 것이다. / 우리 아버지는 절대 그것에 대해 언급하지 않으셨다. / 병사들은 그 명령에 복종해야 한다. / 그들은 휴가에 대한 그 계획에 반대했다. / 우리는 마침내 산 정상에 도달했다. / Laura는 그녀의 엄마와 아주 많이 닮았다. / 그 이웃은 그 사고에서 살아남았다. / 빨간 드레스가 그녀에게 어울린다.

STEP 0   Key Verbs   p.42

1 married	2 chose	3 left	4 drunk
5 accompanied	6 praising	7 influencing	
8 opposing	9 drank	10 became	

STEP 1   Key Phrases   p.43

1 drink milk	2 choose the color
3 need more time	4 visit my grandparents
5 praise the team	6 accompany my friend
7 access the Internet	8 address the audience
9 answer the questions	10 approach the town
11 attend the meeting	12 become you
13 call the police	
14 consider my suggestion	
15 contact you	16 discuss the topic
17 enter the bathroom	18 explain the problem
19 influence learning	20 leave the office
21 marry him	22 mention it
23 obey the command	24 oppose the plan
25 reach the top	26 resemble her mother
27 survive the accident	28 suit her

STEP 2   Key Sentences   p.44~45

1 I drink a glass of milk every morning.
2 You can choose the color.
3 Do you need more time?
4 I will visit my grandparents this weekend.
5 The coach praised the team.
6 I accompanied my friend to the hospital.
7 We can now access the Internet.
8 He addressed the audience at the seminar.
9 He answered the questions correctly.
10 Dawn is approaching the town.
11 The CEO couldn't attend the meeting.
12 Your new hair style really becomes you.
13 The man called the police.
14 Lily considered my suggestion.
15 I'll contact you after class.
16 The students discussed the topic.
17 Mom entered the bathroom.
18 The manager explained the problem to the staff.
19 Smart phones influence learning.
20 Some employees leave the office early.
21 She will marry him in the future.
22 My father never mentioned it.
23 Soldiers should obey the command.
24 They opposed the plan for the vacation.
25 We finally reached the top of the mountain.
26 Laura resembles her mother very much.
27 The neighbor survived the accident.
28 A red dress suits her.

Must-Knows!   p.46

A 1 ④, S: You, V: should visit, O: the dentist
   2 ③, S: My cousins, V: attend, O: the same school
   3 ①, S: My boyfriend, V: mentioned, O: me
   4 ②, S: My students, V: reached, O: their goals

1 너는 더 자주 치과를 방문해야 한다.
2 내 사촌들은 나와 같은 학교에 다닌다.
   ▶ 「the same A as B」는 'B와 같은 A'라는 의미이다.
3 내 남자 친구는 자기 부모님께 나에 대해 언급했다.

4 내 학생들은 마침내 그들의 목표에 도달했다.

B 1 to 2 in 3 × 4 with 5 ×

Write More!

p.47

A 1 The project entered the final stage.
2 Bill will visit Kenya next year.
3 That small dog resembles a rat.
4 Nothing influenced the results of the experiment.
5 These balloons suit the theme of your party.

2 여기서 next year는 부사구로 문장의 마지막에 오는 것이 자연스럽다.

B 1 praised the children's bravery
2 Nobody can access this room
3 must obey the school rules
4 opposed the road construction
5 You can contact the customer service center

PATTERN 5 | s+V+전치사+명사(구)

One Page View

p.49

그 지도자는 그 계획을 설명했다. / 일정을 바꾸는 것은 혼란을 증가시켰다. / 선생님은 완전히 그에게 동의했다. / 그 면접관은 절대 교통 체증을 고려하지 않는다. / 그는 자신의 여행을 위해 여권을 신청했다. / 그들의 부모님은 그들의 결혼을 찬성했다. / 나는 여행에 대한 정보를 요청했다. / 학생들은 규칙의 변화를 요구했다. / 간호사들은 병원에서 환자들을 돌본다. / 이웃들이 소음을 불평했다. / 축구팀은 11명의 선수로 구성되어 있다. / 국회는 그 문제를 처리해야 한다. / John은 대학을 졸업할 것이다. / 우리 팀은 간절히 성공을 바란다. / 그 고객은 물품의 환불을 요구한다. / 스마트폰을 사용하는 것은 학습을 방해한다. / 그들은 채소를 먹고 살고 고기를 먹지 않는다. / Susan은 차분하게 아이들을 돌본다. / 여러분은 설명서를 자세히 읽어야 한다. / 그 여자는 서둘러 자신의 모자를 찾는다. / 대부분의 역사 선생님들은 역사를 전공하셨다. / 그는 고속 도로의 건설을 반대한다. / 그는 어제 티켓값을 지불했다. / 많은 실패들은 (결과적으로) 성공을 낳는다. / 장학금을 받는 것은 내 노력의 결과로 발생한다. / 나는 1년에 50달러에 잡지를 정기 구독한다. / 그 선수는 홈런을 치는 것에 성공했다. / 한 파티 주최자가 손님들을 기다리는 중이다.

6 approve of their marriage
7 ask for information   8 call for a change
9 care for patients
10 complain about the noises
11 consist of eleven players
12 deal with the issue
13 graduate from university
14 hope for success   15 insist on a refund
16 interfere with learning   17 live on vegetables
18 look after the kids
19 look at the instructions   20 look for her hat
21 major in history
22 object to[against] the construction
23 pay for the tickets   24 result in success
25 result from my efforts
26 subscribe to the magazine
27 succeed in hitting   28 wait for guests

STEP 0   Key Verbs

p.50

1 paid for 2 interfering with 3 graduating from
4 hoping for 5 applied for 6 living on
7 subscribing to 8 caring for 9 approving of
10 dealt with

STEP 2   Key Sentences

p.52~53

1 The leader accounted for the plan.
2 Changing the schedule added to the confusion.
3 The teacher totally agreed with him.
4 The interviewer never allows for traffic delays.
5 He applied for a passport for his trip.
6 Their parents approved of their marriage.
7 I asked for information about the tour.
8 The students called for a change of the rules.

STEP 1   Key Phrases

p.51

1 account for the plan   2 add to the confusion
3 agree with him   4 allow for traffic delays
5 apply for a passport

9 Nurses care for patients in a hospital.
10 The neighbors complained about the noises.
11 A soccer team consists of eleven players.
12 Congress should deal with the issue.
13 John will graduate from university.
14 Our team hopes for success eagerly.
15 The customer insists on a refund of the item.
16 Using a smartphone interferes with learning.
17 They live on vegetables and don't eat meat.
18 Susan calmly looks after the kids.
19 You should look at the instructions.
20 The woman hurriedly looks for her hat.
21 Most history teachers majored in history.
22 He objects to[against] the construction of a highway.
23 He paid for the tickets yesterday.
24 Many failures result in success.
25 Winning a scholarship results from my efforts.
26 I subscribe to the magazine for $50 a year.
27 The player succeeded in hitting a home run.
28 A party host is waiting for guests.

Must-Knows!
p.54

A　1 on　2 to　3 in　4 with

1 화난 투숙객은 방을 청소해줄 것을 요구한다.
2 그 의사는 잘못된 의학 정보에 반대했다.
3 그 팀은 트로피를 수상하는 데 성공했다.
　▶ succeed in은 '~하는 데 성공하다', succeed to는 '~를 계승하다'의 의미이므로 주의한다.
4 좋은 매니저는 어떤 손님의 불평도 처리할 수 있다.

B　1 X → results in　2 ○　3 ○
　4 X → complained about

1 건강에 좋은 음식은 결과적으로 당신의 건강에 변화를 낳는다.
　▶ 건강에 좋은 음식이 당신의 건강의 변화로 발생하는 것은 아니므로 from은 적절하지 않다.
2 Clara는 어젯밤에 자신의 아픈 애완동물을 돌봤다.
3 Brian은 항상 점심을 먹고 나서 디저트를 요청한다.
4 한 손님이 형편없는 서비스를 강력히 불평했다.

C　1 ①　2 ④　3 ⑤　4 ③　5 ⑥　6 ②

1 그 발표자는 새로운 프로그램에서의 차이점을 설명한다.
2 풍작은 농부의 노력의 결과로 발생한다.
3 나는 많은 사람들을 고려해서 좌석을 미리 예약했다.
4 멘사는 상당히 높은 지능을 가진 회원들로 구성된다.
5 의료 장비의 발전은 결과적으로 수명 연장을 낳는다.
6 많은 시민들이 환경 보호의 조치를 요구한다.

Write More!
p.55

A　1 Ji-ho applied for a U.S. visa.
　2 We hoped for a good result in the contest.
　3 You shouldn't live on cereal.
　4 Speed adds to the advantages of the car.
　5 Hair salons subscribe to many fashion magazines.

B　1 graduate from middle school
　2 doesn't approve of drinking
　3 usually agree with me
　4 look after dogs in the shelter
　5 didn't pay for the electricity

2 주어 The city는 단수 취급하므로 현재시제의 부정형인 doesn't를 동사 앞에 쓴다. 또한, 전치사의 목적어로 동명사 drinking을 쓴다.
4 긴 전명구(in the shelter)는 주로 문장의 끝에 위치한다.

OVERALL TEST 2
p.56~57

A　1 resembles　2 mentioned　3 insists on
　4 objected to　5 considered　6 dealt with

1 우리 사무실은 조용하고 도서관과 닮았다.
　▶ '~와 닮다'라는 의미의 resemble은 타동사로 뒤에 바로 목적어가 나온다.
2 Harry는 어제 그 문제에 대해 언급했다.
　▶ '~에 대해 언급하다'라는 의미의 mention은 타동사로 뒤에 목적어를 바로 취한다.

3 그녀는 규칙을 따를 것을 항상 요구한다.
　▶ '~을 요구하다'라는 의미는 insist on이다.
4 그 축구 선수는 심판의 판정에 반대했다.
　▶ '~에 반대하다'라는 의미는 object to이다.
5 나는 그의 제안에 대해서도 고려했다.
　▶ '~에 대해 고려하다'라는 의미의 consider는 타동사로 뒤에 목적어를 바로 취한다.
6 연구자들은 환경 문제를 처리해 왔다.
　▶ '~을 처리하다'라는 의미는 deal with이다.

B 1 ✕ → complains about　2 ✕ → approaching
　　3 ○　4 ✕ → married　5 ✕ → ask for　6 ○

1 나의 아버지는 혼잡한 시간에 운전하는 것을 불평하신다.
　▶ complain about은 '~을 불평하다'라는 의미이다.
2 그 소년은 조심스럽게 그 둥지에 다가가고 있다.
　▶ approach는 '~에 다가가다[오다]'라는 의미의 타동사로 뒤에
　바로 목적어가 나온다.
3 새로운 업무는 그의 스트레스를 증가시켰다.
　▶ add to는 '~을 증가시키다'라는 의미이다.
4 나의 이모는 금발 머리의 남자와 결혼하셨다.
　▶ marry는 '~와 결혼하다'라는 의미의 타동사로 뒤에 목적어를
　바로 취한다.
5 당신은 상품의 환불을 요청해야 한다.
　▶ '~을 요청하다'의 의미로는 ask for를 쓴다.
6 그녀는 수업에 가기 위해 모임에서 떠난다.
　▶ 여기에서 leave는 '~에서 떠나다'라는 의미의 타동사이다. 또한,
　leave는 전치사 for, from 등과 함께 쓸 수도 있다.

C 1 로 구성되어 있다　2 를[에 대해] 설명할 수 있다
　　3 값을 지불했다　4 에 도달했다

D 1 approves of　2 addresses　3 contact
　　4 suits　5 result from　6 accompany

1 그 사장은 사무실을 도시로 옮기는 것을 찬성했다.
2 교장 선생님께서는 졸업식에서 학생들에게 연설하신다.
3 나는 가끔 안부를 전하기 위해 할아버지께 연락드린다.
4 그 중학교 교복은 내 아들에게 어울린다.
5 현재의 문제들은 과거의 실수들의 결과로 발생한다.
6 부모님은 놀이공원에서 자신의 아이들과 동행해야 한다.

E 1 agree with the new director
　　2 chose the flavor of ice cream
　　3 results in head injuries
　　4 The president left the building
　　5 She looks after children
　　6 succeeded in promoting the event
　　7 Rising temperatures can influence

1 agree with는 '~에게 동의하다'라는 의미이다.
2 타동사 choose의 과거형 chose를 쓴다.
3 동명사 주어의 경우에는 단수 취급하여 현재시제 동사에 -(e)s를
　붙인다.
4 타동사 leave의 과거형 left를 쓴다.
5 look after는 '~을 돌보다'라는 의미이다.
6 succeed in은 '~하는 데 성공하다'라는 의미이고, 전치사 in의
　목적어로 동명사 promoting을 쓴다.
7 '~에 영향을 미치다'라는 의미의 타동사 influence를 쓴다.

PART 3

PATTERN 6 | s+V+to부정사(구)

One Page View   p.61

1 나는 언젠가 인도를 방문하기를 희망한다. / 나는 대학 생활을 알기를 원한다. / 내 남동생은 발레를 배우고 싶어 한다. / 너는 케이크를 만들기 위해 약간의 밀가루를 살 필요가 있다. / 나는 엄마의 노트북 컴퓨터를 사용할 것을 요청했다. / 한 여성이 관리자를 만날 것을 요구했다. / Mark는 친절하게 그 길 잃은 아이를 도울 것을 제안했다.

2 우리는 서울로 이사하기로 계획 중이다. / 많은 사람들이 1월마다 체중을 줄이기를 결심한다. / 나는 내 전공을 바꾸기로 결심했다. / 많은 사람들이 혼자 살기로 결정하고 있다. / 그 축구팀은 홈경기를 이길 것으로 예상한다. / Sean은 내게 선물을 주기로 약속했다. / 그 두 지도자는 다시 만나기로 동의했다. / 그 범죄자는 어떤 것도 말하기를 거부했다. / 그 배우는 그 스캔들에 관해 언급하기를 거부했다. / 만약 당신이 원한다면 제게 전화하는 것을 망설이지 마세요. / 나는 방학 동안 내 시간을 낭비하는 경향이 있다.

3 그 한국 컬링팀은 이길 자격이 있었다. / 나는 부상으로 인해 경주를 끝내지 못했다. / 나는 차를 살 여유가 없었다. / 우리 부모님께서는 휴가를 떠날 준비를 하시는 중이다. / 그 아이는 관심을 끌기 위해 우는 척했다. / 그는 춤추는 것을 배우고 있다. / 우리는 콘서트 표를 간신히 구했다.

STEP 0 Key Verbs   p.62

1 learned[learnt]   2 chosen   3 managing
4 refusing   5 preparing   6 hoping   7 planned
8 declining   9 promising   10 hesitating

STEP 1 Key Phrases   p.63

1	hope to visit	2	want to know
3	wish to learn	4	need to buy
5	ask to use	6	demand to see
7	offer to help	8	plan to move
9	decide to lose	10	determine to change
11	choose to live	12	expect to win
13	promise to give	14	agree to meet
15	refuse to say	16	decline to comment
17	hesitate to call	18	tend to waste
19	deserve to win	20	fail to finish
21	afford to buy	22	prepare to leave
23	pretend to cry	24	learn to dance
25	manage to get		

STEP 2 Key Sentences   p.64~65

1 I hope to visit India someday.
2 I want to know the college life.
3 My brother wishes to learn ballet.
4 You need to buy some flour to make a cake.
5 I asked to use my mom's laptop.
6 A woman demanded to see the manager.
7 Mark kindly offered to help the lost child.
8 We are planning to move to Seoul.
9 Many people decide to lose weight every January.
10 I determined to change my major.
11 Many people are choosing to live alone.
12 The soccer team expects to win the home game.
13 Sean promised to give a present to me.
14 The two leaders agreed to meet again.
15 The criminal refused to say anything.
16 The actor declined to comment on the scandal.
17 Don't hesitate to call me if you want.
18 I tend to waste my time during vacation.
19 The Korean curling team deserved to win.
20 I failed to finish the race because of the injury.
21 I couldn't afford to buy a car.
22 My parents are preparing to leave on vacation.
23 The kid pretended to cry to get attention.
24 He is learning to dance.
25 We managed to get tickets to the concert.

Must-Knows!   p.66

A 1 S: She, V: has failed, O: to do her duties
    2 S: The prisoner, V: asks, O: to see her lawyer
    3 S: The professor, V: hopes, O: to cure cancer
    4 S: Nathan, V: decides, O: not to waste money

1 그녀는 자신의 의무를 다하지 못했다.
2 그 죄수는 자신의 변호사를 만나기를 요청한다.
3 그 교수는 언젠가 암을 치료하기를 희망한다.
4 Nathan은 항상 돈을 낭비하지 않기를 결심한다.

B 1 ✕ → to visit   2 ✕ → to get
    3 ○   4 ✕ → not to know

1 그는 다음 주에 그녀의 새집에 방문하고 싶어 한다.
2 그 종업원은 상여금을 받기를 요구했다.
3 그 부지런한 남자는 성공할 자격이 있다.
4 우리 아빠는 항상 내 생일을 모르는 척하신다.
　▶ to부정사의 부정형은 「not[never]+to부정사(구)」이다.

C 1 going → to go
　2 wait → to wait
　3 to be → not[never] to be

3 to부정사의 부정형은 「not[never]+to부정사(구)」이다.

Write More!　　　　　　　　p.67

A 1 She hesitated to answer his question.
　2 Lucas really wants to meet the musician.

3 Liam is pretending not to see her.
4 Olivia offered to cook dinner for us.
5 The dog managed to open the door and escaped.

B 1 decided to go to the mall
　2 promised to lower taxes
　3 chose to deliver the package
　4 agreed to lend her clothes
　5 asked to borrow a pencil

3 동사 choose의 과거형은 chose로 쓴다.

PATTERN 7 | s+V+동명사(구)

One Page View　　　　　　　　p.69

1 나는 방금 영어 보고서를 쓰는 것을 마쳤다. / 외국어를 배우는 것을 포기하지 마라. / 내 남편은 결혼식 후에 담배 피우는 것을 그만두었다. / 너는 너의 건강을 위해 운동하는 것을 계속해야만 한다.
2 내 친구는 의사를 만나러 가는 것을 추천한다. / 나는 혼잡 시간대를 피하기 위해 일찍 떠나는 것을 제안한다. / 너는 너무 많은 돈을 쓰는 것을 피해야 한다. / 너는 창문을 여는 것을 꺼리니? / 요즘에는 많은 부부가 아이들을 갖는 것을 미룬다. / 너의 숙제를 끝내는 것을 미루지 마라. / 우리는 비 때문에 소풍 가는 것을 미루었다.
3 그는 거짓말한 것을 인정했고 미안하다고 말했다. / 그 증인은 그 사고를 본 것을 부인했다.
4 아내와 나는 새집을 사는 것을 고려하고 있다. / 나는 부모님 없이 사는 것을 상상할 수 없다.
5 선생님의 일은 자신의 학생들을 돌보는 것을 포함한다. / 방학 동안의 내 계획은 봉사하는 것을 포함한다.
6 수지는 무대 위에서 춤추는 것을 즐긴다. / 나는 내가 가장 좋아하는 축구팀을 보는 것을 절대 놓치지 않는다. / 우리는 그녀의 결혼식을 위해 노래하는 것을 연습했다. / 나는 더운 날씨에 땀 흘리지 않을 수 없다.

STEP 0　Key Verbs　　　　　　　　p.70

1 admitted　2 quit　3 postponing　4 imagining
5 gave up　6 kept　7 put off　8 given up
9 admitting　10 putting off

STEP 1　Key Phrases　　　　　　　　p.71

1 finish writing　　　2 give up learning
3 quit smoking　　　4 keep exercising
5 recommend going　6 suggest leaving
7 avoid spending　　8 mind opening
9 delay having　　　10 postpone finishing
11 put off going on　12 admit lying
13 deny seeing　　　14 consider buying
15 imagine living　　16 include caring for
17 involve volunteering　18 enjoy dancing
19 miss watching　　20 practice singing
21 can't help sweating

STEP 2　Key Sentences　　　　　　　　p.72~73

1 I just finished writing the English report.
2 Don't give up learning a foreign language.
3 My husband quit smoking after our wedding.
4 You should keep exercising for your health.
5 My friend recommends going to see a doctor.
6 I suggest leaving early to avoid rush hour.
7 You should avoid spending too much money.
8 Do you mind opening the window?
9 Many couples delay having children these days.
10 Don't postpone finishing your homework.

11 We put off going on a picnic because of the rain.
12 He admitted lying and said sorry.
13 The witness denied seeing the accident.
14 My wife and I are considering buying a new house.
15 I can't imagine living without my parents.
16 A teacher's job includes caring for their students.
17 My plan for vacation involves volunteering.
18 Susie enjoys dancing on stage.
19 I never miss watching my favorite soccer teams.
20 We practiced singing for her wedding.
21 I can't help sweating in hot weather.

Must-Knows!   p.74

A 1 S: The movie, V: finished, O: playing
   2 S: The woman, V: admitted,
      O: making a mistake
   3 S: My sister, V: imagines, O: not going to work

1 그 영화는 여덟 시 정각에 상영되는 것을 마쳤다.
2 그 여자는 그 문서에서 실수한 것을 인정했다.
3 우리 언니는 때때로 회사에 가지 않는 것을 상상한다.

B 1 ○   2 × → adopting   3 × → drawing
   4 × → not[never] smoking

1 우리 아버지는 차 사고가 나는 것을 피하셨다.
2 내 친구는 고양이를 입양하는 것을 제안했다.
3 그는 매일 그리는 것을 연습했고, 지금 그는 예술가이다.
4 이곳에서 담배를 피우지 말아주시겠습니까?
   ▶ 동명사의 부정형은 「not[never]+동명사(구)」로 쓴다.

C 1 to go → going   2 to guessing → guessing
   3 to cry → crying   4 breaking → to break

4 manage는 to부정사(구)를 목적어로 취하는 동사이다. (☞p. 61)

Write More!   p.75

A 1 He practiced speaking Chinese for the contest.
   2 My neighbor kept playing the piano at night.
   3 Mr. Wagner is considering changing his job.
   4 She has put off going to the dentist.
   5 My homework includes writing a letter to my parents.

B 1 imagines going to Mars
   2 I missed taking the bus
   3 Elena enjoys drinking soda
   4 Jason finished writing his book
   5 can't help complaining about the service

2 「take a[the]+교통수단」은 '~을 타다'라는 의미이다.

PATTERN 8 | S+V+to부정사(구)/동명사(구)

One Page View   p.77

1 어젯밤에 눈이 내리기 시작했다. / 나는 2010년에 학생들을 가르치기 시작했다. / 그 기계는 밤새 계속해서 작동한다. / 우리는 오늘 밤이 호텔에 머무를 작정이다. / 그 죄수들은 감옥을 탈출하기를 시도했다. / Tyler는 매일 밤 트럼펫을 연주하는 것을 좋아한다. / 나는 초콜릿 시럽과 함께 우유를 마시는 것을 매우 좋아한다. / 내 아내와 나는 겨울에 여행 가는 것을 선호한다. / 그 수줍은 소년은 사람들 앞에서 말하는 것을 싫어한다.

2 나는 그 소포를 보낸 것을 기억했다. / 나는 그 소포를 보낼 것을 기억했다. / 그는 오늘 아침에 나를 만난 것을 잊었다. / 그는 오늘 아침에 나를 만날 것을 잊었다. / 우리는 그 사과나무들을 시험 삼아 심어 보았다. / 우리는 그 사과나무들을 심으려고 노력했다. / 나는 네게 그 사실을 말한 것을 후회한다. / 나는 네게 그 사실을 말하게 되어 유감이다. / 그것은 오늘 Tom에게 전화한 것을 의미한다. / 나는 오늘 Tom에게 전화할 의도이다. / 그는 어디로 갈지에 관해 생각하는 것을 그만두었다. / 그는 어디로 갈지에 관해 생각하기 위해 멈췄다.

STEP 0 Key Verbs   p.78

1 began   2 stopped   3 regretted   4 forgotten
5 meant   6 preferred   7 tried   8 forgot
9 begun   10 stopped

STEP 1 Key Phrases   p.79

1 begin falling[to fall]
2 start teaching[to teach]
3 continue working[to work]
4 intend staying[to stay]
5 attempt escaping[to escape]
6 like playing[to play]
7 love drinking[to drink]

8 prefer traveling[to travel]
9 hate speaking[to speak]
10 remember sending
11 remember to send
12 forget meeting
13 forget to meet
14 try planting
15 try to plant
16 regret saying
17 regret to say
18 mean calling
19 mean to call
20 stop thinking
21 stop to think

STEP 2　Key Sentences

p.80~81

1 The snow began falling[to fall] last night.
2 I started teaching[to teach] students in 2010.
3 The machine continues working[to work] all night.
4 We intend staying[to stay] at this hotel tonight.
5 The prisoners attempted escaping[to escape] the prison.
6 Tyler likes playing[to play] the trumpet every night.
7 I love drinking[to drink] milk with chocolate syrup.
8 My wife and I prefer traveling[to travel] in the winter.
9 The shy boy hates speaking[to speak] in public.
10 I remembered sending the package.
11 I remembered to send the package.
12 He forgot meeting me this morning.
13 He forgot to meet me this morning.
14 We tried planting the apple trees.
15 We tried to plant the apple trees.
16 I regret saying the fact to you.
17 I regret to say the fact to you.
18 It means calling Tom today.
19 I mean to call Tom today.
20 He stopped thinking about where to go.
21 He stopped to think about where to go.

Must-Knows!

p.82

A 1 singing　2 watching　3 eating
　 4 not　5 traveling

1 Susan은 음악에 맞춰 노래를 따라 부르는 것을 좋아한다.
2 TV 보는 것을 멈추고 자러 가거라. 벌써 밤 11시다.
3 너는 멕시코 음식을 시험 삼아 먹어봐야 한다.

4 나는 너의 문자 메시지에 답하지 않은 것을 기억한다.
　▶ 동명사의 부정형은 「not[never]+동명사(구)」이다. (☞ p. 74)
5 너는 다른 나라로 여행 간 것을 절대 후회하지 않을 것이다.

B 1 ○　2 × → to bring　3 ○　4 × → to buy

1 Peter는 시를 쓰는 것을 시도했다.
2 나는 항상 학교에 우산을 가져올 것을 잊는다.
3 나의 남동생은 작년에 플루트를 연주하기 시작했다.
4 그는 오늘 아침에 샌드위치를 사기 위해 멈추어 서지 않았다.

C 1 to hurting → to hurt
　 2 understanding → to understand
　 3 to rain → raining
　 4 washing → to wash

Write More!

p.83

A 1 I began to understand English little by little.
　 2 She hates to dance in front of other people.
　 3 Lisa prefers to jog in the summer.
　 4 The explorers attempted walking across Asia.
　 5 My father likes to watch action movies.

1 little by little은 '조금씩, 천천히'라는 뜻의 부사구로 맨 마지막에 오는 것이 자연스럽다.
2 in front of는 '~의 앞에'라는 뜻의 부사구로 (대)명사가 뒤에 오는 것이 적절하다.
3 in the summer는 '여름에'라는 뜻의 부사구로 맨 마지막에 오는 것이 자연스럽다.
4 walk across는 '~를 가로질러 걷다'라는 뜻으로 across 다음에는 (대)명사가 오는 것이 적절하다.

B 1 continues growing[to grow]
　 2 started running[to run]
　 3 intends doing[to do] her homework
　 4 forgot to turn off the lights
　 5 remembered to leave for the appointment

1 동사 continue의 목적어로 동명사와 to부정사 모두 올 수 있다.
2 동사 start의 목적어로 동명사와 to부정사 모두 쓸 수 있다.
3 동사 intend의 목적어로 동명사와 to부정사 모두 올 수 있다.
4 '(미래에) ~할 것을 잊다'는 의미를 나타낼 때는 forget 다음에 to부정사를 쓴다.
5 미래에 해야 할 일을 기억하는 것이므로 remembered의 목적어로 to부정사인 to leave for를 써야 한다.

OVERALL TEST 3

A 1 to stay 2 practicing 3 doing 4 to buy
5 to recall 6 to wear 7 traveling
8 not to spend 9 reading 10 waiting

1 나는 이곳에 더 오래 머무르지 않을 계획이다.
　▶ 동사 plan은 목적어로 to부정사를 쓴다.
2 나는 좀 더 자주 바이올린 연습을 하는 것을 제안한다.
　▶ 동사 suggest는 목적어로 동명사를 써야 한다.
3 집안일 하는 것을 미루지 마라.
　▶ 동사 delay는 목적어로 동명사가 적절하다.
4 우리 아빠는 나를 위해 시계를 하나 살 것을 제안했다.
　▶ 동사 offer는 목적어로 to부정사가 온다.
5 May는 그 질문에 대한 답을 떠올리지 못했다.
　▶ 동사 fail은 목적어로 to부정사를 써야 한다.
6 안전띠를 착용할 것을 항상 기억해라.
　▶ '(미래에) ~ 할 일을 기억하다'라는 의미로 remember의 목적어
　　로 to부정사인 to wear를 써야 한다. 「remember+동명사」는 '(과
　　거에) ~한 것을 기억하다'라는 의미이다.
7 그들은 내년 여름까지 여행하는 것을 미루었다.
　▶ 동사 postpone은 목적어로 동명사를 쓴다.
8 우리는 돈을 너무 많이 쓰지 않기로 동의했다.
　▶ 동사 agree는 목적어로 to부정사가 오며, to부정사의 부정형은
　　「not+to부정사(구)」이다.
9 나의 아침 습관은 신문 읽는 것을 포함한다.
　▶ 동사 include는 목적어로 동명사가 적절하다.
10 나의 비행기를 놓친 것은 여섯 시간 동안 더 기다려야 하는 것을 의
　미한다.
　▶ 동사 mean이 '~을 의미하다'라는 뜻으로 쓰일 때에는 목적어로
　　동명사가 온다. 「mean+to부정사」는 '~할 의도이다'라는 의미이다.

B 1 to hear 2 borrowing
3 swimming[to swim] 4 to answer
5 playing 6 waking up[to wake up]

1 나쁜 소식을 듣게 되어 유감인 것을 표현하는 말로 regret의 목적어
　로 to부정사인 to hear를 써야 한다.
2 '(과거에) ~했던 것을 기억하다'라는 의미를 나타낼 때는 remember
　다음에 동명사를 써야 한다.
3 동사 start의 목적어로 동명사와 to부정사 모두 올 수 있다.
4 동사 refuse의 목적어로 to부정사가 온다.
5 동사 include의 목적어로 동명사가 온다.
6 동사 hate의 목적어로 동명사와 to부정사 모두 올 수 있다.

C 1 ×→ wearing 2 ×→ to make 3 ○
4 ×→ to forgive 5 ×→ traveling 6 ×→ to serve
7 ○ 8 ○ 9 ×→ to express 10 ○

1 그녀는 이틀 전에 내 신발을 신은 것을 인정했다.
　▶ 동사 admit의 목적어로 동명사가 적절하다.
2 나는 외국인 친구들을 사귀기를 원했다.
　▶ 동사 want의 목적어로 to부정사를 쓴다.
3 그 문은 저절로 닫히기 시작했다.
　▶ 동사 begin의 목적어로 동명사와 to부정사 모두 올 수 있다.
4 나는 그의 실수를 용서하기로 결심했다.
　▶ 동사 determine의 목적어로 to부정사를 써야 한다.
5 Joshua는 언젠가 아프리카로 여행 가는 것을 상상한다.
　▶ 동사 imagine의 목적어로 동명사가 온다.
6 그 레스토랑은 뷔페를 제공하려고 준비하고 있다.
　▶ 동사 prepare의 목적어로 to부정사가 적절하다.
7 그는 딸의 사진을 찍는 것을 좋아한다.
　▶ 동사 love의 목적어로 동명사와 to부정사 모두 쓸 수 있다.
8 Kenny는 농담하는 것을 시도했지만, 아무도 웃지 않았다.
　▶ 동사 attempt의 목적어로 동명사와 to부정사 모두 올 수 있다.
9 그는 사람들에게 자신의 의견을 표현하는 것을 망설이지 않는다.
　▶ 동사 hesitate의 목적어로 to부정사를 쓴다.
10 나는 그 벽을 노란색으로 칠하는 것을 고려하고 있다.
　▶ 동사 consider의 목적어로 동명사를 써야 한다.

D 1 plan to visit us
2 denied breaking the window
3 hopes to buy a ticket
4 couldn't help feeling bored
5 imagine seeing my childhood friend
6 expect to reach the top
7 enjoyed donating her hair
8 decided to put off moving

1 동사 plan의 목적어로 to부정사가 온다.
2 동사 deny의 목적어로 동명사를 써야 한다.
3 동사 hope의 목적어로 to부정사가 적절하다.
4 「can't help+동명사」는 '~하지 않을 수 없다'라는 의미이다.
5 동사 imagine의 목적어로 동명사를 쓴다.
6 동사 expect의 목적어로 to부정사가 적절하다.
7 동사 enjoy의 목적어로 동명사를 써야 한다.
8 동사 decide의 목적어로 to부정사를 쓴다. 또한, put off는 동명사
　를 목적어로 취하므로 moving으로 써야 한다. (p. 69)

PART 4

PATTERN 9 | s+V+명사(구)+전명구 I

One Page View   p.89

1 나는 그를 멋진 남자로 여긴다. / 모든 사람이 그를 좋은 친구로 여긴다. / 나는 내 선생님을 멘토로 여긴다. / 그녀는 나를 자신의 가장 친한 친구로 여긴다. / 나는 그 면접을 기회로 여겼다. / 그 회사는 Sally를 비서로 임명했다.

2 나의 할아버지는 나를 내 남동생으로 오인하셨다. / 어머니는 자신의 아기를 다른 아기들과 구별할 수 있다. / 인간은 옳음을 그름과 구별할 수 있다. / 나는 좋은 사람들을 나쁜 사람들과 구별한다. / 한 여자가 Carolyn을 점원과 혼동했다.

3 달걀을 약간의 밀가루와 혼합해라.

4 나는 거미줄을 벽에서 떼어냈다. / 그는 그림 한 점을 박물관에서 훔쳤다. / 많은 소방관들은 사람들을 화재에서 빼낸다.

5 뜨거운 온도는 눈을 비로 바꾼다. / 여러분은 여러분의 화폐를 달러로 바꿔야 한다. / 그 가게는 전등을 LED 조명으로 교체했다.

6 여러분의 아이들을 다른 사람들의 아이들과 비교하지 마라. / 사람들은 온난한 기후를 뜨거운 것(기후)보다 더 좋아한다.

STEP 0   Key Verbs   p.90

| 1 stolen | 2 thought of | 3 comparing | 4 mistaken |
| 5 preferred | 6 replacing | 7 confusing | 8 knew |

STEP 1   Key Phrases   p.91

1 think of him as a great man
2 regard him as a good friend
3 look upon my teacher as a mentor
4 view me as her best friend
5 see the job interview as a chance
6 appoint Sally as a secretary
7 mistake me for my brother
8 distinguish her baby from others
9 tell right from wrong
10 know good people from bad people
11 confuse Carolyn with a sales clerk
12 combine the eggs with a little flour
13 separate the spider's web from the wall
14 steal a painting from the museum
15 free people from a fire
16 turn snow into rain
17 exchange your currency for dollars
18 replace lamps with LED lights

19 compare your children with others'
20 prefer a mild climate to a hot one

STEP 2   Key Sentences   p.92~93

1 I think of him as a great man.
2 Everyone regards him as a good friend.
3 I look upon my teacher as a mentor.
4 She views me as her best friend.
5 I saw the job interview as a chance.
6 The company appointed Sally as a secretary.
7 My grandfather mistook me for my brother.
8 A mother can distinguish her baby from others.
9 Human beings can tell right from wrong.
10 I know good people from bad people.
11 A woman confused Carolyn with a sales clerk.
12 Combine the eggs with a little flour.
13 I separated the spider's web from the wall.
14 He stole a painting from the museum.
15 Many firefighters free people from a fire.
16 Hot temperatures turn snow into rain.
17 You should exchange your currency for dollars.
18 The store replaced lamps with LED lights.
19 Don't compare your children with others'.
20 People prefer a mild climate to a hot one.

Must-Knows!   p.94

A 1 with 2 from 3 as 4 to 5 as

1 그는 깨진 꽃병을 새것으로 교체했다.
2 그녀는 어떠한 상품도 슈퍼마켓에서 훔치지 않았다.
3 그 기관은 James를 관리자로 임명했다.
4 사자는 항상 고기를 채소보다 더 좋아한다.
5 그녀는 그 선물을 그의 호의로 여겼다.

B 1 ✕ → with 2 ✕ → into 3 ○ 4 ✕ → with

1 그 소년은 자신의 개를 이웃의 개와 혼동했다.
2 그 영화감독은 그 소설을 영화로 바꿨다.
3 아이들은 때때로 'b'를 'd'로 오인한다.
4 그 새로운 TV 프로그램은 공상 과학 소설을 로맨스와 결합했다.

C 1 from 2 for 3 with 4 from

Write More!　　　　　　　　　　　　p.95

A 1 Hindus look upon cows as holy animals.
  2 I couldn't tell his voice from my friend's.
  3 Most people regard red as a negative sign.
  4 The customer is exchanging his shirt for
    another.
  5 A turbine turns heat energy into electricity.

2 voice가 반복되므로 my friend's 뒤에서는 생략되었다.

B 1 appointed her as the president
  2 separates humans from animals
  3 prefer big waves to
  4 compared her weight with the average weight
  5 confused in-line skating with roller skating

PATTERN 10 | s+V+명사(구)+전명구 Ⅱ

One Page View　　　　　　　　　　　p.97

1 그 남자는 대담하게 여행객들에게서 그들의 지갑을 강탈한다. / 많은
  걱정들이 여러분에게서 잠을 빼앗을지도 모른다. / 그 진공청소기는
  바닥에서 먼지를 치운다.
2 이 스프레이는 모기가 여러분을 무는 것을 못하게 한다. / 경호원들
  은 팬들이 뛰어나가는 것을 막는다. / 그 울타리는 사람들이 잔디 위
  를 걷는 것을 막는다.
3 그는 미세먼지에 대해 석탄 발전소를 비난한다. / 그 교수님은 그를
  부정행위를 한 것으로 비난했다. / 대부분의 국가는 물건을 훔친 것
  에 대해 누구든 벌한다. / 나는 나를 지원해준 것에 대해 모두에게 감
  사하고 싶다.
4 정부는 그들에게 음식을 제공했다. / 그 호텔은 투숙객에게 아침을
  제공한다. / 그 선생님은 학생들에게 정답을 알린다. / 그 앱은 나에
  게 숙제의 마감 기한을 상기시킨다.
5 나는 먼저 미안하다고 Mike에게 말해야 한다. / 그 관리인은 강도
  사건을 경찰에게 설명했다. / 당신은 그 사고를 내게 묘사할 수 있나
  요? / 그녀는 자신을 반 친구들에게 소개했다. / Sarah는 해결책을
  자신의 동료에게 제안했다. / David는 좋은 생각을 자신의 상사에게
  제안했다.
6 나는 주로 나의 멘토에게 약간의 조언을 부탁한다. / 여러분은 여러
  분의 경험을 친구들과 나눌 수 있다. / 나는 우리 할머니께서 상자를
  나르시는 것을 도왔다. / 이글루는 이누이트족을 추운 겨울에 적응시
  킨다.

STEP 0 Key Verbs　　　　　　　　　p.98

1 robbed   2 sharing   3 describing
4 providing   5 blaming   6 kept
7 introducing 8 supplied   9 stopped
10 said

STEP 1 Key Phrases　　　　　　　　p.99

1 rob travelers of their wallets
2 deprive you of sleep
3 clear the floor of dust
4 keep mosquitoes from biting
5 prevent fans from running forward
6 stop people from walking
7 blame coal power plants for the fine dust
8 accuse him of cheating
9 punish anyone for stealing items
10 thank everyone for supporting
11 provide them with food
12 supply guests with breakfast
13 inform students of the answers
14 remind me of the deadline
15 say sorry to Mike
16 explain the robbery to the police
17 describe the accident to me
18 introduce herself to her classmates
19 suggest a solution to her coworker
20 propose a good idea to his boss
21 ask my mentor for some advice
22 share your experience with friends
23 help my grandmother with carrying
24 adapt the Inuit to cold winters

1　The man boldly robs travelers of their wallets.
2　Many concerns may deprive you of sleep.
3　The vacuum cleaner clears the floor of dust.
4　This spray keeps mosquitoes from biting you.
5　The guards prevent fans from running forward.
6　The fence stops people from walking on the grass.
7　He blames coal power plants for the fine dust.
8　The professor accused him of cheating.
9　Most nations punish anyone for stealing items.
10　I'd like to thank everyone for supporting me.
11　The government provided them with food.
12　The hotel supplies guests with breakfast.
13　The teacher informs students of the answers.
14　The app reminds me of the deadline for homework.
15　I should say sorry to Mike first.
16　The manager explained the robbery to the police.
17　Can you describe the accident to me?
18　She introduced herself to her classmates.
19　Sarah suggested a solution to her coworker.
20　David proposed a good idea to his boss.
21　I usually ask my mentor for some advice.
22　You can share your experience with friends.
23　I helped my grandmother with carrying the box.
24　The igloos adapt the Inuit to cold winters.

Must-Knows!　p.102

A　1 from　2 of　3 to　4 of

1　그 새로운 정책은 사람들이 담배 피우는 것을 막는다.
2　그 매니저는 우리에게 면접 날짜를 알린다.
3　선생님은 지구 온난화에 대해 학생들에게 설명했다.
4　낯선 사람이 그 소녀에게서 그녀의 소중한 목걸이를 빼앗았다.

B　1 ✕ → with a blanket　2 ○
　　3 ✕ → of our traveling　4 ✕ → from

1　승무원은 그 남자에게 담요를 제공했다.
2　Tom은 자신의 나쁜 성적에 대해 스스로를 비난했다.
3　이 사진은 내게 우리의 여행을 상기시킨다.
4　나쁜 날씨는 우리가 등산하러 가는 것을 막았다.

C　1 ①, ④　2 ③, ⑥　3 ⑤　4 ②

① 당신은 언제든지 내게 도움을 요청해도 됩니다.
② 용감한 우리 아빠가 집에서 쥐를 치우셨다.
③ 우리 선생님은 내가 영어 실력을 향상시키는 것을 도와주셨다.
④ 그녀는 자신의 개를 찾아준 것에 대해 이웃들에게 감사해했다.
⑤ 나는 내가 가장 좋아하는 것들을 너에게 소개할 것이다.
⑥ 어떤 사람들은 자신의 돈을 가난한 사람들과 나눈다.

Write More!　p.103

A　1 My friend and I accused someone of cutting in line.
　　2 The handrail of an escalator prevents people from falling down.
　　3 The professor described the theory to the class.
　　4 The thief robbed the empty house of all valuables.
　　5 The smell of lavender reminded Jane of her grandmother.

1　cut in line은 '새치기하다'라는 의미이다.

B　1 proposed the deadline extension to
　　2 punished me for breaking the vase
　　3 adapts it to the dry desert
　　4 asked the clerk for a larger size
　　5 helped her with finding the bathroom

2　전치사 for의 목적어로 동사 break를 동명사형(breaking)으로 써야 한다.
5　전치사 with의 목적어로 쓰인 동사 find는 동명사형(finding)이 적절하다.

PATTERN 11 | s+V+that절

One Page View   p.105

1 나는 그가 결혼한 것을 방금 알았다. / 나는 그 여자가 울고 있는 것을 알아차렸다. / 그는 자신이 실수했다는 것을 알고 있다. / 너는 그들이 올 거라고 생각하니? / 나는 아이들이 순수하다고 생각한다. / 아이들은 크리스마스에 눈이 오는 것을 기대한다. / 모든 사람들은 더 이상 전쟁이 없기를 바란다. / 우리는 우리가 완벽하지 않다는 것을 받아들여야 한다. / Jenny는 인도로 여행 갈 것을 결심했다. / 우리는 도둑이 우리 집으로 침입할지도 모른다는 것을 두려워한다. / 그들은 스마트폰이 자신들의 아이들에게 나쁘다는 것을 걱정한다.

2 그 신문에서는 이번 여름에 비가 많이 올 거라고 말한다. / 우리는 그 파티에 갈 수 있다고 대답했다. / Galileo Galilei는 지구가 둥글다는 것을 주장했다. / 그 학생은 시험에서 부정행위를 했다는 것을 부인했다. / 나는 결코 다시는 늦지 않을 거라고 약속했다. / NASA는 지구 온난화가 심각해지고 있다고 경고했다. / 모든 사람들은 선거가 공정해야만 한다는 것을 동의한다. / 그녀는 교통체증으로 늦었다는 것을 설명했다. / 그 증거는 그가 결백하다는 것을 보여줬다.

3 그 왕은 우리가 궁전을 다시 지어야 한다는 것을 명령했다. / 내 상사는 내가 오류를 고쳐야 한다는 것을 요청했다. / 내 코치님은 내가 쉬어야 한다는 것을 제안하셨다. / 나는 그녀가 회의에 와야 한다는 것을 주장했다.

STEP 0   Key Verbs   p.106

1 worries	**2** denies	**3** thought	**4** arguing
5 found	**6** shown	**7** known	

STEP 1   Key Phrases   p.107

1 know that	2 realize that
3 find that	4 think that
5 believe that	6 expect that
7 hope that	8 accept that
9 decide that	10 fear that
11 worry that	12 say that
13 reply that	14 argue that
15 deny that	16 promise that
17 warn that	18 agree that
19 explain that	20 show that
21 order that ~ (should)	
22 request that ~ (should)	
23 suggest that ~ (should)	
24 insist that ~ (should)	

STEP 2   Key Sentences   p.108~109

1 I just knew that he got married.
2 I realized that the woman was crying.
3 He finds that he made a mistake.
4 Do you think that they'll come?
5 I believe that children are pure.
6 Children expect that it snows on Christmas.
7 Everyone hopes that there will be no war anymore.
8 We should accept that we are not perfect.
9 Jenny decided that she would travel to India.
10 We fear that a thief might break into our house.
11 They worry that smartphones are bad for their children.
12 The newspaper says that it will rain a lot this summer.
13 We replied that we could go to the party.
14 Galileo Galilei argued that the earth was round.
15 The student denied that he had cheated on a test.
16 I promised that I would never be late again.
17 NASA warned that global warming is getting serious.
18 Everyone agrees that elections must be fair.
19 She explained that she was late because of traffic.
20 The evidence showed that he was innocent.
21 The king ordered that we (should) rebuild the palace.
22 My boss requested that I (should) correct the error.
23 My coach suggested that I (should) take a rest.
24 I insisted that she (should) come to the meeting.

Must-Knows!   p.110

A 1 ① 2 ② 3 ② 4 ①

1 우리 아빠는 내 남동생이 공부하는 대신에 놀고 있는 것을 아셨다.
▶ found의 목적어절을 이끄는 명사절 접속사 that이 생략되었다.

2 그 기자는 자신의 기사가 정확하지 않았다고 설명한다.
▶ explains의 목적어절을 이끄는 명사절 접속사 that이 생략되었다.

3 나는 그 시리즈에서 최고의 책은 첫 번째 것이라고 생각한다.
▶ think의 목적어절을 이끄는 명사절 접속사 that이 생략되었다.

4 그들은 특별한 음식을 먹는 것이 자신들의 병을 낫게 할 수 있다고 생각한다.
▶ believe의 목적어절을 이끄는 명사절 접속사 that이 생략되었다.

1 대부분의 사람들은 무대 위의 저 개를 여전히 기억한다.
  ▶ 여기서 that은 뒤에 나온 dog를 꾸미는 지시형용사이다.

2 그는 자신이 더 나은 점수를 받을 수 있다고 주장한다.
  ▶ 여기서 that은 동사 argues의 목적어절을 이끄는 명사절 접속사이다.

3 내 딸은 이 인형을 저 인형보다 더 좋아한다.
  ▶ 여기서 that은 뒤에 나온 doll을 꾸미는 지시형용사이다.

4 Stephen Hawking은 많은 우주가 있다고 믿었다.
  ▶ 여기서 that은 believed의 목적어절을 이끄는 명사절 접속사이다.

5 저것은 우리 아버지에게 딱 맞는 선물이다.
  ▶ 여기서 that은 문장의 주어 역할을 하는 지시대명사이다.

6 우리 엄마는 우리가 아침 6시까지 떠날 준비를 해야 한다고 명령하셨다.
  ▶ 여기서 that은 ordered의 목적어절을 이끄는 명사절 접속사이다. that절 안의 be 앞에는 should가 생략되어 있다.

7 우리 선생님은 모든 학생들이 조용히 해야 한다고 요청하셨다.
  ▶ 여기서 that은 requested의 목적어절을 이끄는 명사절 접속사이다.

8 몇몇 연구원들은 그것이 점점 나빠지고 있다고 경고한다.
  ▶ 밑줄 친 that은 주어 역할을 하는 지시대명사이고, 바로 앞에 나온 that은 warn의 목적어절을 이끄는 명사절 접속사이다.

Write More! p.111

A 1 The coach argues that we should try harder.
  2 I found that he took my wallet.
  3 The girl believes that every cloud has a silver lining.
  4 He worried that he couldn't finish his homework.
  5 My class hopes that it won't rain this weekend.

B 1 denied that there was a theft
  2 that school (should) open the library
  3 warn that people get colds
  4 shows that cheese lovers live longer
  5 ordered that students (should) stand in line

1 「there+be ~」는 '~이 있다'라는 의미이다.
2 request(요청하다) 다음에 오는 that절의 동사는 「(should)+동사원형」을 쓴다.
5 명령의 동사(order) 다음에 오는 that절의 동사는 「(should)+동사원형」으로 나타낸다.

OVERALL TEST 4

p.112~113

A 1 of 2 with 3 to 4 into 5 to 6 of

1 웨이트리스가 테이블에서 빈 물병을 치웠다.
  ▶ clear A of B: A에게서 B를 치우다
2 그 목격자는 경찰에게 정보를 제공했다.
  ▶ supply A with B: A에게 B를 제공하다
3 너는 감사하다고 도움을 주는 사람들에게 말해야 한다.
  ▶ say A to B: A를 B에게 말하다
4 이 기계는 자른 나무를 (질이) 좋은 종이로 바꾼다.
  ▶ turn A into B: A를 B로 바꾸다
5 그 선생님은 악보를 읽는 법을 학생들에게 설명한다.
  ▶ explain A to B: A를 B에게 설명하다
6 그 이메일은 내게 배송 날짜를 알려준다.
  ▶ inform A of B: A에게 B를 알리다

B 1 helped her friend with climbing up
  2 showed that the thief went out
  3 provides people with the opportunity
  4 accused me of telling a lie
  5 demanded that the travelers (should) bring their passport
  6 thanks his friend for finding his wallet

5 demand는 '~해야 한다고 요구하다'의 의미로 목적어절(that절) 내의 should는 생략될 수 있다.

C 1 Eric thought Sarah was so generous.
  2 Some schools replaced textbooks with e-books.
  3 The game prevents students from focusing on their study.
  4 I hope that a friend of mine will do better next time.
  5 Some people prefer traditional markets to supermarkets.

1 thought의 목적어절을 이끄는 명사절 접속사 that이 생략되었다.
4 '다음번에'라는 뜻의 부사 next time은 주로 문장의 맨 마지막에 온다.

D 1 regard their pets as
  2 proposed (that) I (should) go jogging
  3 confuse happiness with money
  4 blamed someone else for throwing
  5 denied (that) he broke the window

2 proposed의 목적어절을 이끄는 명사절 접속사 that은 생략이 가능하며, 여기서 propose는 '~해야 한다고 제안하다'의 의미로 목적어절 내의 should를 생략할 수 있다.
5 denied의 목적어절을 이끄는 명사절 접속사 that은 생략할 수 있다.

PART 5

PATTERN 12 | s+V+명사(구)¹+명사(구)² I

One Page View   p.117

1 그 손님들은 그에게 약간의 팁을 주었다. / 부디 제게 그 소금을 건네주시겠어요? / 그 골키퍼는 그 선수에게 공을 건네주었다. / 그 은행은 네게 돈을 빌려주지 않을 것이다. / 그 회사는 내게 일자리를 제안했다. / 그들은 택시 기사에게 현금을 지불했다. / 한 여성이 사람들에게 과일을 싼 가격에 판다. / 너는 스마트폰으로 그에게 메시지들을 보낼 수 있다. / 그 남자는 점원에게 자신의 신분증을 보여주었다. / 우리 선생님께서 내게 귀중한 교훈을 가르쳐 주셨다. / 그녀가 내게 흥미로운 사실을 말했다.

2 그녀가 내게 물을 좀 가져다주었다. / 그 밴드는 그들의 팬들에게 노래를 불러주고 있다. / 그녀의 부모님께서 그녀에게 새 장난감을 약속하셨다. / 나는 내가 가장 좋아하는 가수에게 편지를 쓰고 있다.

STEP 0 Key Verbs   p.118

1 shown	2 lent	3 paid	4 gave	5 taught
6 brought	7 sent	8 sang	9 showed	10 written

STEP 1 Key Phrases   p.119

1 give / him some tips / some tips to him
2 hand / me the salt / the salt to me
3 pass / the player the ball / the ball to the player
4 lend / you the money / the money to you
5 offer / me a job / a job to me
6 pay / the taxi driver cash / cash to the taxi driver
7 sell / people fruits / fruits to people
8 send / him messages / messages to him
9 show / the clerk his ID card /
   his ID card to the clerk
10 teach / me a valuable lesson /
   a valuable lesson to me
11 tell / me an interesting fact /
   an interesting fact to me
12 bring / me some water / some water to[for] me
13 sing / their fans a song / a song to[for] their fans
14 promise / her a new toy / a new toy to[for] her
15 write / my favorite singer a letter /
   a letter to[for] my favorite singer

STEP 2 Key Sentences   p.120~121

1 The guests gave him some tips. /
  The guests gave some tips to him.
2 Would you hand me the salt, please? /
  Would you hand the salt to me, please?
3 The goalkeeper passed the player the ball. /
  The goalkeeper passed the ball to the player.
4 The bank won't lend you the money. /
  The bank won't lend the money to you.
5 The company offered me a job. /
  The company offered a job to me.
6 They paid the taxi driver cash. /
  They paid cash to the taxi driver.
7 A woman sells people fruits at a cheap price. /
  A woman sells fruits to people at a cheap price.
8 You can send him messages on the smartphone. /
  You can send messages to him on the smartphone.
9 The man showed the clerk his ID card. /
  The man showed his ID card to the clerk.
10 My teacher taught me a valuable lesson. /
   My teacher taught a valuable lesson to me.
11 She told me an interesting fact. /
   She told an interesting fact to me.
12 She brought me some water. /
   She brought some water to[for] me.
13 The band is singing their fans a song. /
   The band is singing a song to[for] their fans.
14 Her parents promised her a new toy. /
   Her parents promised a new toy to[for] her.
15 I'm writing my favorite singer a letter. /
   I'm writing a letter to[for] my favorite singer.

Must-Knows!   p.122

A 1 S: My grandmother, V: sings, IO: me,
       DO: a lullaby
     2 S: My mom, V: brought, IO: me, DO: snacks
     3 S: We, V: sent, IO: the poor,
       DO: our used clothes
     4 S: The salesman, V: offered, IO: Mr. Douglas,
       DO: $5000

1 우리 할머니께서는 종종 내게 자장가를 불러주신다.
2 우리 엄마는 내게 간식을 가져다주셨다.
3 우리는 가난한 사람들에게 우리의 헌 옷을 보냈다.
▶ 「the+형용사」는 '~한 사람들'이란 의미이다.
e.g. the rich(부자들), the elderly(연세 드신 분들, 어르신들)
4 그 영업사원은 Douglas 씨에게 자동차 값으로 5000달러를 제안했다.

B 1 ◯ 2 ✕ → to him 3 ◯ 4 ✕ → my little brother
the alphabet[the alphabet to my little brother]

1 그는 그 가족에게 자신의 농장을 팔았다.
2 그 약사는 그에게 약을 건네주었다.
▶ 동사 hand는 「동사+명사+전명구」의 순서로 쓸 때, 전치사 to를 쓴다.
3 그녀의 가장 친한 친구가 그녀에게 비밀을 말했다.
4 엄마는 내 남동생에게 알파벳을 가르치셨다.
▶ 문맥상 my little brother가 간접목적어, the alphabet이 직접목적어이므로 간접목적어(my little brother) 앞에 전치사 to가 오거나 「동사+간접목적어+직접목적어」의 순서로 고쳐 써야 한다.

C 1 ✕ 2 to[for] 3 ✕ 4 to

Write More! p.123

A 1 Kevin is writing his mom a Christmas card.
2 The nurse handed my aunt the newborn baby.
3 He showed his friend the message on his cell phone.

B 1 sang a serenade to[for]
2 told a funny joke to
3 promised lower taxes to[for]
4 is teaching sign language to

1 무대에서, 정장을 입은 한 남자가 소녀들에게 세레나데를 불러주었다.
2 그 코미디언은 관객에게 재미있는 농담을 말했다.
3 그 정치인은 모두에게 세금 인하를 약속했다.
4 그 남자는 학생들에게 수화를 가르치고 있다.

C 1 brought the bill to[for] us
2 sold fresh apples to my mom

PATTERN 13 | s+V+명사(구)¹+명사(구)² Ⅱ

One Page View p.125

1 Sam은 자신의 딸에게 컴퓨터 한 대를 사주었다. / 그녀는 내게 꽃 한 송이를 골라주었다. / 그 요리사는 우리에게 특별한 메뉴를 요리해주었다. / 그 경찰이 그에게 그의 가방을 찾아주었다. / 제게 커피 한 잔을 더 가져다주실 수 있나요? / 그 소녀는 자신의 친구들에게 팔찌를 만들어주었다.
2 그 소년은 엄마에게 몇 가지 질문을 물어보았다.
3 우리는 서로에게 자신을 소개했다. / 그 운전자는 경찰에게 그 사고를 설명해주었다. / 그 감독은 그 배우에게 그 장면을 묘사해주었다. / 그 아이는 자신의 엄마에게 진실을 말해드렸다. / 그 방문객은 경비원에게 자신의 신원을 증명해주었다. / Lilly는 그녀의 상사에게 자신의 실수를 인정했다. / 그는 자신의 여자 친구에게 결혼을 제안했다(청혼했다). / 그 웨이터는 내게 포도주를 제안했다.

STEP 0 Key Verbs p.126

1 made   2 said   3 chosen   4 proposing
5 got[gotten]   6 describing   7 bought
8 introducing   9 admitted   10 found

STEP 1 Key Phrases p.127

1 buy / his daughter a computer / a computer for his daughter
2 choose / me a flower / a flower for me
3 cook / us a special menu / a special menu for us
4 find / him his bag / his bag for him
5 get / me another cup of coffee / another cup of coffee for me
6 make / her friends bracelets / bracelets for her friends
7 ask / his mom a few questions / a few questions of his mom
8 introduce / ourselves to each other
9 explain / the accident to the police
10 describe / the scene to[for] the actor
11 say / the truth to his mom
12 prove / his identity to the guard
13 admit / her mistake to her boss
14 propose marriage to his girlfriend
15 suggest a wine to me

1   Sam bought his daughter a computer. /
    Sam bought a computer for his daughter.
2   She chose me a flower. /
    She chose a flower for me.
3   The chef cooked us a special menu. /
    The chef cooked a special menu for us.
4   The policeman found him his bag. /
    The policeman found his bag for him.
5   Can you get me another cup of coffee? /
    Can you get another cup of coffee for me?
6   The girl made her friends bracelets. /
    The girl made bracelets for her friends.
7   The boy asked his mom a few questions. /
    The boy asked a few questions of his mom.
8   We introduced ourselves to each other.
9   The driver explained the accident to the police.
10 The director described the scene to[for] the actor.
11 The kid said the truth to his mom.
12 The visitor proved his identity to the guard.
13 Lilly admitted her mistake to her boss.
14 He proposed marriage to his girlfriend.
15 The waiter suggested a wine to me.

Must-Knows!   p.130

A   1 S: His brother, V: suggested, O: playing soccer
    2 S: My friends, V: asked, IO: me,
       DO: some things
    3 S: The clerk, V: chose, IO: me,
       DO: some clothes and bags
    4 S: Brittany, V: will describe,
       O: her trip to Canada

1   그의 남동생은 내게 축구하는 것을 제안했다.
2   내 친구들은 내게 나의 새로운 직업에 대해 몇 가지를 물어봤다.
3   그 점원은 내게 몇 개의 옷과 가방을 골라주었다.
4   Brittany는 반 친구들에게 캐나다로의 여행을 (말로) 묘사할 것이다.

B   1 ○   2 × → Kevin   3 × → to me   4 ○

1   이모가 내게 디지털카메라를 가져다주셨다.
    ▶「get+직접목적어+for+간접목적어」형태의 문장이다.
2   나는 Kevin에게 안성맞춤의 기념품을 찾아줄 것이다.
    ▶「find+간접목적어+직접목적어」형태의 문장으로 간접목적어
    (Kevin) 앞에 전치사 to를 빼야 한다.
3   내 여동생은 내게 자신의 대학교 룸메이트를 소개했다.
    ▶ introduce는「동사+명사+전명구」의 형태를 취하므로 전치사 to
    를 me 앞에 써 준다.
4   그 변호사는 판사에게 그 남자의 결백함을 입증할 것이다.
    ▶ prove는「동사+명사+전명구」의 형태를 취하므로 the judge 앞
    에 전치사 to가 온다.

C   1 to   2 of   3 to   4 ×   5 to

Write More!   p.131

A   1 Dr. Lee explained the new theory to the
       students.
    2 The policeman found him the stolen painting.
    3 The secretary got her boss an important
       document.
    4 The guidance counselor suggested a different
       class to her.

B   1 chose a necktie for
    2 cooked dinner for
    3 asked today's schedule of
    4 made a cake for

1   아내가 내게 넥타이를 골라주었다.
2   누가 오늘 밤에 우리에게 저녁을 요리해주었나요?
3   그 여행자는 가이드에게 오늘의 일정을 물었다.
4   나는 부모님의 결혼기념일을 위해 부모님께 케이크를 만들어드렸다.

C   1 admitted defeat to the other team
    2 introduced the classic movie to me

1   동사 admit은「동사+명사+전명구」의 형태를 취하므로 the other
    team 앞에 전치사 to를 쓴다.
2   동사 introduce는「동사+명사+전명구」의 형태를 취하므로 전치사
    to를 me 앞에 써준다.

OVERALL TEST 5

p.132~133

A 1 to 2 for 3 his wife 4 to
   5 her 6 to 7 our grade 8 to

1 Lucas는 Amy에게 생일 선물을 보냈다.
2 나는 준희에게 감자 수프를 요리해줄 것이다.
3 그는 자신의 아내에게 자동차 열쇠를 건네준다.
4 그 어린 소녀는 사람들에게 막대 사탕을 팔았다.
5 그 소녀의 아버지는 자기 전에 그녀에게 노래를 불러주었다.
6 그녀의 이웃은 그녀에게 레모네이드 한 잔을 제안했다.
7 우리 반 친구들은 우리 학년에게 회장을 골라주었다.
8 우리 아들이 내게 놀라운 사실을 말해주었다.

B 1 of 2 to 3 for 4 for 5 to 6 of 7 for 8 to

1 아이들은 주로 자신의 부모님께 많은 질문들을 한다.
2 우리 독자들에게 당신의 새 책을 소개해주세요.
3 우리 할머니께서 나에게 맛있는 호박파이를 요리해주셨다.
4 유명한 디자이너가 그 여배우에게 아름다운 드레스를 만들어주었다.
5 우리 엄마는 오늘 아침에 내게 아무 말씀도 하지 않으셨다.
6 당신은 사서에게 도서관에 관한 어떤 질문도 할 수 있습니다.
7 과일 상인이 우리 엄마에게 가장 신선한 수박을 골라주었다.
8 뉴스 앵커가 시청자들에게 놀라운 소식을 말해주었다.

C 1 S: I, V: was passing, IO: my professor,
      DO: the report
      → 나는 우리 교수님께 보고서를 건네드리고 있었다.
   2 S: The little boy, V: promised, IO: the girl,
      DO: his love
      → 그 어린 소년은 그 소녀에게 자신의 사랑을 약속했다.
   3 S: They, V: are giving, IO: the passengers,
      DO: sandwiches
      → 그들은 승객들에게 샌드위치를 제공하고[주고] 있다.
   4 S: The historians, V: proved,
      O: the value of the past
      → 그 역사가들은 사람들에게 과거의 가치를 증명했다.

D 1 asked a favor of
   2 told the truth to
   3 bought a new purse for
   4 found my baggage for
   5 paid the fee to
   6 get a pillow and a blanket for

1 Aaron은 자신의 가장 친한 친구에게 부탁을 했다.
2 그 증인은 경찰에게 진실을 말해주었다.
3 그녀는 자신에게 새 지갑을 사주었다.
4 공항 직원이 나에게 나의 짐을 찾아주었다.
5 그녀는 사서에게 (반납이) 늦은 책에 대한 요금을 지불하였다.
6 제게 베개와 담요를 가져다주시겠어요?

PART 6

PATTERN 14 | s+V+명사+명사(구)/형용사(구)

One Page View   p.137

1 나를 겁쟁이라고 부르지 마라. / 우리 가족은 그 개를 Simba라고 이름 지었다. / 그 노래는 그 밴드를 슈퍼스타로 만들었다. / 그 교수님은 John을 천재라고 생각하신다. / 그 여배우는 그 상을 영광으로 여겼다. / 그들은 그녀를 댄스 동아리의 회장으로 선출했다. / 그 팀 동료들은 그를 주장으로 임명했다.

2 많은 사람들은 그 소문이 사실이라고 믿는다. / 우리 엄마는 그 믹서기가 안전하다고 생각했다. / 우리 그룹은 그 퍼즐이 쉽다고 여겼다. / 그 면접관은 Tom의 태도가 좋다는 것을 알게 되었다. / Laura는 그 칼이 날카롭다고 느꼈다. / 줄을 서서 기다리는 것은 항상 나를 미치게 한다. / 발표하는 것은 나를 긴장하게 한다. / 그 종업원은 항상 테이블을 깨끗하게 한다. / 우리 오빠는 보통 부엌을 더러운 상태로 남겨둔다. / 그 냉장고는 음식 재료를 차가운 상태로 유지한다. / 그는 항상 나를 위해 문을 연 상태로 잡아둔다. / 우리 아버지는 어제 그 지붕을 빨갛게 칠하셨다. / Mary는 커피가 진한 것을 선호한다. / 그 남자는 보통 자신의 스테이크를 덜 익은 것으로 원한다. / 우리 회사의 식당은 점심을 신선하게 제공한다.

STEP 0   Key Verbs   p.138

1 got[gotten]	2 believing	3 held	4 driven
5 serving	6 made	7 felt	8 left
9 preferred	10 found	11 kept	12 thought

STEP 1   Key Phrases   p.139

1 call me a coward
2 name the dog Simba
3 make the band superstars
4 think John (to be) a genius
5 consider the award an honor
6 elect her (as) president
7 appoint him (as) captain
8 believe the rumor (to be) true
9 think the blender (to be) safe
10 consider the puzzle (to be) easy
11 find Tom's attitude (to be) good
12 feel the knife (to be) sharp
13 drive me crazy
14 make me nervous

15 get the table clean
16 leave the kitchen dirty
17 keep food ingredients cold
18 hold the door open
19 paint the roof red
20 prefer coffee strong
21 want his steak rare
22 serve lunch fresh

STEP 2   Key Sentences   p.140~141

1 Don't call me a coward.
2 My family named the dog Simba.
3 The song made the band superstars.
4 The professor thinks John (to be) a genius.
5 The actress considered the award an honor.
6 They elected her (as) president of Dance Club.
7 The teammates appointed him (as) captain.
8 Many people believe the rumor (to be) true.
9 My mom thought the blender (to be) safe.
10 Our group considered the puzzle (to be) easy.
11 The interviewer found Tom's attitude (to be) good.
12 Laura felt the knife (to be) sharp.
13 Waiting in line always drives me crazy.
14 Giving a presentation makes me nervous.
15 The server always gets the table clean.
16 My brother usually leaves the kitchen dirty.
17 The refrigerator keeps food ingredients cold.
18 He always holds the door open for me.
19 My father painted the roof red yesterday.
20 Mary prefers coffee strong.
21 The man usually wants his steak rare.
22 Our company's cafeteria serves lunch fresh.

Must-Knows!   p.142

A 1 S: I, V: consider, O: Seoul, C: my hometown
     2 S: The woman, V: painted, O: a chair, C: white
     3 S: She, V: believed, O: the movie, C: scary
     4 S: I, V: thought, O: the flower, C: a rose
     5 S: Jessica, V: called, O: me, C: a liar

1 나는 서울을 내 고향으로 여긴다.
2 그 여자는 의자 하나를 하얗게 칠했다.
3 그녀는 그 영화가 꽤 무섭다고 여겼다.
4 나는 어제 그 꽃이 장미라고 생각했다.
5 Jessica는 오늘 아침에 나를 거짓말쟁이라고 불렀다.

B **1** easy **2** loud **3** closed **4** quiet

1 나의 상사는 그 일을 쉽다고 여겼다.
2 Jeff는 항상 음악이 큰 것을 원한다.
3 그 사슬은 정문을 닫힌 상태로 잡아두었다.
4 그 대학생은 커피숍이 조용한 것을 선호한다.

C **1** happily → happy **2** cleanly → clean
3 cost → costly **4** love → lovely

4 목적어 뒤에 있는 형용사는 목적어의 성질, 상태를 설명한다. 문맥상 목적어 her grandchildren을 보충 설명하므로 '사랑스러운'의 뜻을 가진 형용사 lovely로 고쳐 써야 한다.

Write More! p.143

A **1** I call my brother a bookworm.
2 The boy got his shirt dirty.
3 The girl wants her bedroom warm.
4 The busy waitress served the pancakes cold.
5 Jack thinks his father to be a mentor

B **1** make their nests a home
2 found Joey (to be) angry
3 considered the boy (to be) smart
4 named the baby Nolan
5 painted the wall light blue

PATTERN 15 | s+V+명사+to부정사(구)

One Page View p.145

1 그녀는 내가 하얀색 바지를 입도록 말했다. / 그의 부모님은 그가 더 적게 먹도록 조언했다. / 나는 그가 안전모를 쓰도록 경고했다. / 그 남자는 그가 또렷하게 읽도록 격려했다. / 그 CEO는 그들이 더 열심히 일하도록 격려했다. / 그는 내가 자신의 제안을 받아들이도록 촉구했다. / 그들은 우리가 그 규칙들을 따르도록 강요했다. / 제가 당신이 설거지하도록 부탁해도 될까요? / 그 시험은 그들이 더 열심히 공부하도록 요구했다. / 그녀의 엄마는 그녀가 채소를 먹도록 설득하셨다. / 그녀는 그가 자신의 질문에 대답하도록 명령했다. / Jim은 그녀가 그 회의를 준비하도록 지시했다. / 그 주인은 그가 나무에 물을 주도록 한다. / 그 공포 영화는 그들이 울도록 했다. / 무엇이 당신이 치과의사가 되도록 이끌었나요?

2 그들은 그가 음악에 맞춰 춤추는 것을 원한다. / 나는 네가 이 책을 읽는 것을 원한다. / 내 아들은 내가 자신과 함께 머무는 것을 필요로 했다.

3 James는 내가 자신의 컴퓨터를 사용하도록 허락했다. / 날씨는 내가 산책하러 가도록 허락한다. / 우리는 그녀가 그 상자를 여는 것을 금지한다.

4 그녀의 도움이 그가 그 프로젝트를 완성하는 것을 가능하게 했다. / 그들은 내가 일찍 떠나는 것을 예상한다. / Ken은 그녀가 탁자를 옮기는 것을 돕고 있다. / Mary는 네가 바이올린을 연주하는 것을 가르친다. / Kelly는 내가 자신의 파티에 오도록 초대했다. / 내가 내일 내 점심을 가져오도록 상기시켜 주세요.

STEP 0 **Key Verbs** p.146

1 permitted **2** told **3** forbade **4** taught
5 led **6** forbidden **7** got[gotten] **8** led

STEP 1 **Key Phrases** p.147

1 tell me to wear **2** advise him to eat
3 warn him to wear
4 encourage him to read
5 inspire them to work **6** urge me to accept
7 force us to follow
8 ask you to do the dishes
9 require them to study **10** persuade her to eat
11 order him to answer
12 instruct her to arrange
13 get him to water **14** cause them to cry
15 lead you to become **16** want him to dance
17 would like you to read **18** need me to stay
19 allow me to use **20** permit me to go
21 forbid her to open
22 enable him to complete **23** expect me to leave
24 help her to move **25** teach you to play
26 invite me to come **27** remind me to bring

1　She told me to wear white jeans.
2　His parents advised him to eat less.
3　I warned him to wear a safety helmet.
4　The man encouraged him to read clearly.
5　The CEO inspired them to work harder.
6　He urged me to accept his offer.
7　They forced us to follow the rules.
8　Can I ask you to do the dishes?
9　The exam required them to study harder.
10　Her mom persuaded her to eat vegetables.
11　She ordered him to answer her question.
12　Jim instructed her to arrange the meeting.
13　The owner gets him to water the tree.
14　The horror film caused them to cry.
15　What led you to become a dentist?
16　They want him to dance to the music.
17　I would like you to read this book.
18　My son needed me to stay with him.
19　James allowed me to use his computer.
20　The weather permits me to go for a walk.
21　We forbid her to open the box.
22　Her help enabled him to complete the project.
23　They expect me to leave early.
24　Ken is helping her (to) move the table.
25　Mary teaches you to play the violin.
26　Kelly invited me to come to her party.
27　Remind me to bring my lunch tomorrow.

Must-Knows!　p.150

A　1 S: Her mom, V: told, O: her,
　　　　C: to brush her teeth
　　　2 S: My brother, V: forced, O: me,
　　　　C: to wash our dad's car
　　　3 S: The wake-up call, V: caused, O: me,
　　　　C: to get up early
　　　4 S: The internet, V: enabled, O: us,
　　　　C: to communicate internationally

1　그녀의 엄마는 그녀가 양치하도록 말씀하셨다.
2　우리 오빠는 내가 아빠의 차를 세차하도록 강요했다.

3　그 모닝콜은 내가 일찍 일어나도록 했다.
4　인터넷은 우리가 국제적으로 의사소통하는 것을 가능하게 했다.

B　1 ✕ → to move　　2 ○　　3 ○
　　　4 ✕ → not to park　5 ✕ → to see

1　소방관들은 차들이 도로 밖으로 이동하는 것을 원했다.
　▶ want는 목적어 뒤에 목적격보어로 to부정사를 취한다.
2　그는 지난주에 우리가 춤추는 것을 가르쳐 주었다.
3　그 비서는 자신의 상사가 서류에 서명하는 것을 도왔다.
　▶ help는 목적어 뒤에 목적격보어로 원형부정사가 올 수도 있다.
4　그 법은 우리가 그곳에 주차하지 않도록 요구한다.
　▶ to부정사의 부정형은 「not+to부정사」이다. (☞ p.66)
5　그녀는 자신의 아들이 병원에 가도록 설득했다.
　▶ persuade는 목적어 뒤에 목적격보어로 to부정사를 취한다.

C　1 leave → to leave　2 to cleaning → to clean
　　　3 see → to see　　4 singing → to sing
　　　5 volunteering → to volunteer

1　내 상사는 내가 일찍 퇴근하도록 허락했다.
2　엄마께서 내가 내 방을 청소하도록 명령하셨다.
3　그 소년은 그녀가 자신과 함께 영화를 보도록 초대했다.
4　음악 선생님께서 우리가 큰소리로 노래를 부르도록 지시하셨다.
5　그 책은 그녀가 자원 봉사하도록 설득했다.

Write More!　p.151

A　1 Yuna wants her mom to cook pasta.
　　　2 I ordered the cat to get off the sofa.
　　　3 My wife asked me to take our children home.
　　　4 She helped her sister to pick the fruit.
　　　5 The broken lock enabled the thief to enter the
　　　　building.

3　take A home은 'A를 집으로 데려가다'라는 의미이다.

B　1 invited us to shop
　　　2 expects us to behave
　　　3 The sign warns drivers to drive
　　　4 advised us to carry an umbrella
　　　5 persuaded me to give my necklace

PATTERN 16 | s+V+명사+v/v-ing/p.p.

One Page View   p.153

1 John은 항상 그의 부인이 웃도록 한다. / 제가 그것을 하도록 해주세요. / 나는 그가 자신의 방을 보도록 할 것이다.

2 나는 무언가가 내 등을 간지럽히(고 있는) 것을 느낀다. / 그녀는 개한 마리가 도로를 가로질러 뛰(고 있는) 것을 보았다. / 나는 우리 엄마가 스웨터를 뜨개질하(고 있는) 것을 보았다. / 그는 고양이 한 마리가 그의 집 주변을 어슬렁거리(고 있는) 것을 보았다. / 나는 한밤중에 초인종이 울리(고 있는) 것을 들었다. / 나는 그녀가 그 소파 뒤에 숨은[숨고 있는] 것을 알아차렸다.

3 나는 아기가 배가 고파서 우는 것을 알았다. / 우리 선생님께서 우리가 방과 후에 계속 공부하도록 하셨다. / 너는 내가 계속 기다리도록 하지 말아야 한다.

4 Adam은 자신이 한국어로 이해되도록 할 수 있다. / 그녀는 차가 씻기도록 했다(세차했다). / 그녀는 자신의 가방을 도난당했다. / 부디 당신의 일이 내일까지 끝내지도록 해주세요. / 너는 이 편지가 숨겨진 채로 두어야 한다. / 너는 진실이 말해지지 않은 채로 두는 게 낫다. / 우리는 그 공원이 점심시간 이후에 붐비게 된 것을 알았다. / 나는 내 자신이 풍선에 의해 들어 올려지는 것을 느꼈다. / 나는 그 건물이 지진으로 흔들리는 것을 보았다. / 나는 내 이름이 수업 중에 불리는 것을 들었다. / 그 작가는 자신의 책이 학교에서 사용되는 것을 좋아했다. / 너는 네 몸이 정기적으로 검진되게 할 필요가 있다. / 나는 이 시계가 즉시 수리되는 것을 원한다.

STEP 0   Key Verbs   p.154

1 observing	2 got	3 let	4 felt	5 found
6 had	7 kept	8 made	9 heard	10 left

STEP 1   Key Phrases   p.155

1 make his wife smile   2 let me do
3 have him see
4 feel something tickle[tickling]
5 see a dog run[running]
6 watch my mom knit[knitting]
7 observe a cat hang[hanging] around
8 hear the bell ring[ringing]
9 notice her hide[hiding]   10 find the baby crying
11 keep us studying   12 leave me waiting
13 make himself understood
14 have the car washed   15 have her bag stolen
16 get your work finished
17 keep this letter hidden   18 leave the truth unsaid
19 find the park crowded   20 feel myself lifted up
21 see the building shaken   22 hear my name called
23 like his book used

24 need your body examined
25 want this watch repaired

STEP 2   Key Sentences   p.156~157

1 John always makes his wife smile.
2 Let me do it.
3 I'll have him see his room.
4 I feel something tickle[tickling] my back.
5 She saw a dog run[running] across the road.
6 I watched my mom knit[knitting] a sweater.
7 He observed a cat hang[hanging] around his house.
8 I heard the bell ring[ringing] at midnight.
9 I noticed her hide[hiding] behind the sofa.
10 I found the baby crying from hunger.
11 Our teacher kept us studying after class.
12 You shouldn't leave me waiting.
13 Adam can make himself understood in Korean.
14 She had the car washed.
15 She had her bag stolen.
16 Please get your work finished by tomorrow.
17 You should keep this letter hidden.
18 You'd better leave the truth unsaid.
19 We found the park crowded after lunch.
20 I felt myself lifted up by balloons.
21 I saw the building shaken by the earthquake.
22 I heard my name called during class.
23 The author liked his book used in schools.
24 You need your body examined regularly.
25 I want this watch repaired immediately.

Must-Knows!   p.158

A 1 S: He, V: heard, O: the song, C: play
    2 S: The boy's words, V: had, O: her, C: smile
    3 S: He, V: left, O: the front door, C: locked
    4 S: The girl, V: wants, O: her photo, C: taken

1 그는 그 노래가 라디오에서 나오는 것을 들었다.
2 그 소년의 말은 그녀가 밝게 웃도록 했다.
3 그는 현관이 잠긴 채로 두었다.
4 그 소녀는 자신의 사진이 찍히기를 원한다.

B　1 × → washed　　2 × → hide[hiding]
　　3 × → show　　　　4 ○

1 여러분은 저녁 식사 전에 손이 씻겨질 필요가 있다.
　▶ 목적어 your hands가 '손이 씻기는' 수동의 의미이므로 washed
가 적절하다.
2 나는 내 여동생이 자신의 일기를 숨기(고 있는) 것을 봤다.
　▶ 목적어 my sister가 '일기를 숨기는' 능동의 의미이므로 hide
[hiding]가 적절하다. 동사 see는 목적어 뒤에 hide와 hiding 모두
가능하다.
3 Annie는 그 점원이 자신에게 보라색 드레스를 보여주도록 했다.
　▶ 목적어 the clerk이 '보라색 드레스를 보여주는' 능동의 의미이므
로 show가 적절하다.
4 그녀는 꽃이 자신의 방 안에서 건조되도록 했다.
　▶ 목적어 the flower가 '건조되는' 수동의 의미이므로 dried는 적
절하다.

C　1 frustrating → frustrated
　　2 appeared → appearing　　3 driven → drive
　　4 close → closed　　　　　5 worn → wearing

1 목적어 her가 '(수학 학습으로 인해) 좌절되는' 수동의 의미이므로
frustrated가 적절하다.
2 목적어 the scary ghost가 '나타나고 있는' 능동 진행의 의미이므
로 appearing이 적절하다.
3 목적어 his daughter가 '운전하는' 능동의 의미이므로 drive가 적
절하다.
4 목적어 the water bottle이 '닫힌' 수동의 의미이므로 closed가 적
절하다.
5 목적어 her brother가 '쓰고 있는' 능동·진행의 의미이므로 wearing
이 적절하다.

Write More!　　　　　　　　　　　　　　　p.159

A　1 Madeline didn't notice me enter the room.
　　2 He found the math problem complicated.
　　3 The police officer kept the suspect talking.
　　4 My dad gets the newspaper delivered every
　　　morning.
　　5 He observed his children pretending to sleep.

5 「pretend+to부정사」는 '~하는 척하다'라는 의미이다.

B　1 felt her cheeks turning red
　　2 The woman made her hair dyed
　　3 heard the weather forecaster talking
　　4 watched the soccer player make a goal
　　5 She wants her nails painted

1 her cheeks가 빨갛게 변하는 능동의 의미와 '~하고 있는' 진행의
의미를 포함하는 turning으로 나타낸다. turn red에서 turn은 상태
의 변화를 나타내는 '~하게 되다'라는 뜻이다. (☞p. 21)
2 her hair가 염색되는 것이므로 수동의 의미인 dyed를 쓴다.
3 'the weather forecaster(일기 예보관)가 이야기하고 있는'이라는
능동·진행의 의미를 나타내는 talking으로 쓴다.
4 목적어 the soccer player가 골을 넣는 능동의 의미이므로 make
를 그대로 쓴다.
5 목적어 her nails(그녀의 손톱)가 칠해지는 수동의 의미이므로
painted를 쓴다.

OVERALL TEST 6
p.160~161

A　1 complicated　2 eat　3 to leave　4 decreasing
　　5 to keep　　　6 walk　7 laugh　8 to have
　　9 dancing　　　10 serious

1 우리는 그 게임이 복잡하다고 생각했다.
　▶ 목적어(the game) 뒤의 형용사(complicated)는 목적어를 보충
설명하고 있다.
2 그 남자는 새가 벌레를 먹는 것을 봤다.
　▶ 문맥상 목적어가 먹는 것을 직접 행하는 것이므로 원형부정사 eat
가 적절하다.
3 그는 내가 일찍 학교로 떠나도록 상기시켰다.
　▶ 동사 remind는 목적어 뒤에 목적격보어로 to부정사를 취한다.
4 나는 바깥의 온도가 내려가고 있는 것을 느꼈다.
　▶ 동사 feel은 목적어 뒤에 목적격보어로 원형부정사 또는 v-ing를
취하므로 decreasing이 적절하다.
5 그 사서는 학생들이 조용히 하도록 명령했다.

　▶ 동사 order는 목적어 뒤에 목적격보어로 to부정사가 쓰인다.
6 그는 자신의 친구가 거리를 따라 걷는 것을 봤다.
　▶ 동사 see는 목적어 뒤에 목적격보어로 원형부정사 또는 v-ing를
취하므로 walk가 적절하다.
7 그 재미있는 농담은 그가 웃도록 했다.
　▶ 동사 have는 목적어 뒤에 목적격보어로 원형부정사 또는 p.p.를
취하는데, 목적어 him이 웃는 것이므로 능동의 의미인 laugh가 적
절하다.
8 Miller 박사는 학생들이 그와 함께 저녁을 먹도록 초대했다.
　▶ 동사 invite는 목적어 뒤에 목적격보어로 to부정사가 온다.
9 그녀는 여동생이 무대에서 춤추고 있는 것을 봤다.
　▶ 동사 watch는 목적어 뒤에 목적격보어로 원형부정사 또는 v-ing
가 쓰이므로 dancing이 적절하다.
10 전문가들은 그 사건이 심각하다고 믿는다.
　▶ 목적어(the event)를 보충 설명하는 목적격보어의 자리이므로
형용사 serious가 적절하다.

1 그녀는 딸의 귀가 뚫리도록 했다[그녀는 딸의 귀를 뚫게 했다].
▶ 동사 have는 목적어 뒤에 목적격보어로 원형부정사나 p.p.가 올 수 있는데 목적어 daughter's ears가 뚫리는 수동의 의미이므로 pierced가 적절하다.

2 그는 땀이 자신의 얼굴에 흘러내리(고 있는) 것을 느꼈다.
▶ 동사 feel은 목적어 뒤에 목적격보어로 원형부정사, v-ing, p.p.가 올 수 있는데 목적어 sweat이 그의 얼굴에 흘러내리는 능동·진행의 의미이므로 fall[falling]이 적절하다.

3 그녀의 선생님은 그녀가 의사가 되기 위해 더 열심히 공부하도록 조언했다.
▶ 동사 advise는 목적어 뒤에 목적격보어로 to부정사가 쓰인다.

4 그 기린은 사자가 더 가까이 다가오(고 있는) 것을 들었다.
▶ 동사 hear는 목적어 뒤에 목적격보어로 원형부정사, v-ing, p.p.가 쓰이며, 목적어 the lion이 다가오는 능동·진행의 의미이므로 come[coming]이 적절하다.

5 그 배달원은 문이 천천히 열리(고 있는) 것을 알아차렸다.
▶ 동사 notice는 목적어 뒤에 목적격보어로 동사원형, v-ing가 쓰이며, 목적어 the door가 열리고 있는 능동·진행의 의미이므로 open[opening]이 적절하다.

6 아빠는 내가 학업에 집중하도록 촉구하셨다.
▶ 동사 urge는 목적어 뒤에 목적격보어로 to부정사가 온다.

7 그 교수님은 그가 질문에 대답하도록 요청했다.
▶ 동사 ask는 목적어 뒤에 목적격보어로 to부정사를 취한다.

8 그 노부인은 내가 자신의 짐을 옮기도록 했다.
▶ 동사 let은 목적어 뒤에 목적격보어로 원형부정사를 취한다.

1 동사 see는 목적어 뒤에 목적격보어로 p.p.를 취할 수 있고, 목적어 the bridge가 지어진 수동의 의미를 나타낸다.

2 his invention = 'the cooking robot'의 관계이고, name은 목적어 뒤에 목적격보어로 명사(구)를 취할 수 있다.

3 동사 get은 목적어 뒤에 목적격보어로 to부정사를 취하며, 「the+형용사」는 '~한 사람들'이라는 의미이다.

4 동사 urge는 목적어 뒤에 목적격보어로 to부정사를 취한다.

5 동사 consider는 목적어 뒤에 목적격보어로 형용사를 취한다.

s+V

A   1 The girl stood near the tree.
2 She hardly lies to her mom.
3 A rainbow appeared in the sky.
4 Don't sit down on the lawn.
5 Strange things happened yesterday.

4   '~하지 마라'라는 의미를 가진 부정명령문의 형태는 「Don't[Do not]+동사원형」이다.

B   1 go to sleep
2 rose into the sky
3 was on the ceiling
4 fell to the ground
5 came into my room

2   동사 rise의 과거형은 rose이다. (rise-rose-risen)
4   동사 fall의 과거형은 fell이다. (fall-fell-fallen)

s+BE+형용사(구)

A   1 She kept calm among the chaos.
2 My grandmother's hair turned white.
3 This lemonade tastes sour.
4 His face looked pale with shock.
5 Something smells rotten in the refrigerator.

1   「keep+형용사」는 '(어떤) 상태를 유지하다'라는 의미이다.
5   긴 전명구는 주로 문장 끝에 위치한다.

B   1 All men become old
2 Tommy looks happy
3 Bread smells fresh
4 We kept quiet
5 Some Korean words can sound funny

3   주어 Bread는 셀 수 없는 명사이므로 3인칭 단수로 취급하여 동사 smell에 -s를 붙인다.
4   동사 keep의 과거형은 kept이다.
5   조동사 can은 '~일 수 있다'의 의미로 가능성을 나타낸다.

s+BE+형용사구/명사(구)

A   1 Maria seemed a professional pianist.
2 This weather feels like summer.
3 This tree will make a fine closet.
4 Lewis remains a famous writer after his death.
5 This smartphone appears the latest one.

B   1 smell like plastic
2 tastes like a lemon
3 looks like a nice place
4 Gary became a winner
5 seemed a good reporter

1   「smell+like+명사」 형태로 '~같은 냄새가 나다'라는 의미이다.
3   「look+like+명사(구)」 형태로 '~처럼 보이다'라는 의미이다.
5   「seem+명사(구)」는 '~처럼 보이다'라는 뜻이다.

s+V+명사(구)

A   1 My grandmother praised my honesty.
2 I discussed the possibility of working together.
3 The babysitter explained the rules of the game.
4 Joseph chose a major after a long time.
5 Bianca mentioned my ideas to the team leader.

2   the possibility of ~는 '~하는 것의 가능성'이라는 의미이다.

B   1 Someone answered the door bell
2 Sara accompanied Jim
3 My grandparents survived the war
4 You should drink eight cups of water
5 You can access important data

4   셀 수 없는 명사 water의 양을 나타낼 때 a cup of를 쓸 수 있는데, 여덟 컵이기 때문에 eight cups of로 나타낸다.

s+V+전치사+명사(구)

A 1 Scientists look for life on other planets.
2 Many people hope for peace between the two countries.
3 Kelly is waiting for an apology from Sean.
4 The construction interferes with my sleep.
5 The player succeeded in scoring the goal.

1 장소를 나타내는 전명구는 주로 문장 끝에 위치한다.
2 between은 '~ 사이에'라는 의미를 가진 전치사이다.
3 is waiting은 현재진행형으로 '~하는 중이다'를 의미한다.
5 전치사 in의 목적어로 동명사 scoring을 쓴다.

B 1 applied for the English camp
2 He looked at the newspaper
3 Anne majored in Chinese
4 consists of many health professionals
5 doesn't allow for late assignments

5 3인칭 단수의 현재시제 부정형인 doesn't를 동사 앞에 쓴다.

s+V+to부정사(구)

A 1 The desert tends to be dry.
2 Claire declined to join our swim team.
3 The boxer hopes to win the championship someday.
4 Humans need to feel love to be happy.
5 Amelia wishes to invite him to her birthday party.

3 someday는 부사로 문장의 마지막에 오는 것이 자연스럽다.
4 to be happy는 '행복해지기 위해'라는 의미로 '목적'을 나타내는 부사적 역할로 해석한다.

B 1 demanded to speak to
2 plans to accept
3 afford to buy a new car
4 learned[learnt] to ride a bike
5 deserve to take a rest

4 동사 learn의 과거형으로는 learned와 learnt 모두 가능하다. 보통 미국식 영어에서는 learned를 쓴다.

s+V+동명사(구)

A 1 He postponed cleaning his room.
2 The doctor recommends getting enough sleep.
3 You should quit wasting your time.
4 The housework involves watering the plants.
5 Bryan is avoiding eating unhealthy foods.

2 get enough sleep은 '숙면을 취하다'라는 의미이다.

B 1 denied taking my diary
2 suggests cleaning the filter
3 Agnes won't mind waiting
4 gave up blowing up a balloon
5 The student admitted cheating

s+V+to부정사(구)/동명사(구)

A 1 The woman loves to read books on the subway.
2 The judge intends to look at the case.
3 The band continued playing in spite of the accident.
4 The kid didn't mean to embarrass his mom.
5 The elevator stopped working because of the blackout.

1 on the subway는 '지하철에서'라는 뜻의 부사(구)로 보통 맨 마지막에 위치한다.
3 in spite of는 '~에도 불구하고'라는 뜻으로 of 다음에는 명사(구)가 온다.

B 1 tried to remember his name
2 prefers eating[to eat] supper
3 stopped to take a rest
4 forgot to close the window
5 means understanding them

1 기억해내려고 애쓴 것이므로 try의 목적어로 to부정사인 to remember를 써야 한다. 「try+동명사」는 '시험 삼아 ~하다'라는 의미이다.
2 동사 prefer의 목적어로 동명사와 to부정사 모두 올 수 있다.
3 쉬기 위해 멈춘 것이므로 '목적'을 나타내는 to부정사인 to take가 오는 것이 적절하다.

4 과거 어느 시점에서 보면, 나중에 닫아야 할 것을 잊은 것이므로 forget의 목적어로 to부정사인 to close를 써야 한다.

5 동사 mean이 '~을 의미하다'라는 뜻으로 쓰일 때에는 목적어로 동명사가 온다. 「mean+to부정사」는 '~할 의도이다'라는 의미이다.

PATTERN 9 p.10
s+V+명사(구)+전명구 Ⅰ

A 1 The waves turned a big rock into sand.
2 The bully stole money from John's backpack.
3 He mistook the woman for a famous actress.
4 She exchanged the shoes for another pair.
5 Mary replaced the flat tire with the spare one.

B 1 freed the slaves from slavery
2 think of that star as the largest one
3 appointed my coworker as the new translator
4 combine exercise with a healthy diet
5 Many students confuse desert with dessert

1 동사 free의 과거형은 freed이다.

PATTERN 10 p.11
s+V+명사(구)+전명구 Ⅱ

A 1 He blamed his laziness for failing the exam.
2 The drought deprived the flowers of water.
3 The kids described color to a blind person.
4 The filter keeps spam e-mail from entering the inbox.
5 The friendly woman introduced herself to her neighbor.

5 동사의 목적어가 주어와 일치할 경우 재귀대명사를 쓴다.

B 1 supplies villagers with clean water
2 said thank you to her friend
3 informed his mom of his hunger
4 thanked his aunt for the delicious dinner
5 suggested going to a movie to

5 동사 suggest는 목적어로 동명사를 쓴다.

PATTERN 11 p.12
s+V+that절

A 1 The babysitter thought that the child fell asleep.
2 He realized that he stepped on a banana peel.
3 She decided that she will keep a diary.
4 The teacher suggested that he spend more time on his homework.
5 The children demanded that their grandmother give candy to them.

B 1 recommends that I (should) join the running club
2 says that we can read any book
3 expects that many friends will come
4 replied that he will deliver the pizza
5 that children (should) brush their teeth

1 여기에서 동사 recommend는 '~해야 한다고 추천하다'의 의미로 목적어절 내의 should는 생략이 가능하다.

5 여기에서 동사 insist는 '~해야 한다고 주장하다'의 의미로 목적어절 내의 should는 생략이 가능하다.

PATTERN 12 p.13
s+V+명사(구)¹+명사(구)² Ⅰ

A 1 The tour guide offered us new destinations.
2 The Dutch person taught me some Dutch words.
3 The poet wrote his lover the poem about love.

2 Dutch: 네덜란드의; 네덜란드 사람[말]의

B 1 pass that newspaper to
2 sent a fan letter to
3 paid several thousand dollars to
4 showed some old photos to

1 제게 저 신문을 건네주시겠어요?
2 그 소녀는 자신이 가장 좋아하는 가수에게 팬레터를 보냈다.
3 그 회사는 은행에 수천 달러를 지불했다.
4 우리 할머니께서 내게 오래된 사진 몇 장을 보여주셨다.

C 1 promised clean air to[for] people
2 lend your coat to me

1 「promise+직접목적어+to[for]+간접목적어」 형태의 문장이다.
2 「lend+직접목적어+to+간접목적어」 형태의 문장이다.

P A T T E R N 13   p.14

s+V+명사(구)¹+명사(구)² II

A 1 A boy found a girl a four-leaf clover in a field.
2 Emma admitted her mistake to her parents.
3 I bought my parents the plane tickets to Jeju Island.
4 The new employee explained his project to his boss.

1 긴 전명구는 보통 문장의 끝에 위치한다.
3 전치사 to는 행선지, 방향 등을 나타낸다.

B 1 buy a new car for
2 get some onions for
3 found the remote control for him
4 ask the word's meaning of

1 나는 지금은 나 자신에게 새 차를 사줄 수 없다.
2 내게 양파 좀 가져다줄 수 있니?
3 그 개는 그에게 리모컨을 찾아주었다.
4 너는 네 선생님께 그 단어의 의미를 물어보는 게 낫다.

C 1 made a portrait for the man
2 suggested surgery to me

1 동사 make는 「직접목적어+전치사+간접목적어」의 어순을 취할 때 간접목적어 앞에 전치사 for를 써야 한다.
2 동사 suggest는 「동사+목적어+전명구」의 형태만 취하므로 '~에게'에 해당하는 전치사 to를 쓴다.

P A T T E R N 14   p.15

s+V+명사+명사(구)/형용사(구)

A 1 The professor considers his research a success.
2 They appointed Mia as marketing manager.
3 The man prefers fried chicken spicy.
4 A lot of homework kept me busy all day.
5 The citizens elected him the mayor of the town.

4 all day(온종일)는 부사구로 보통 문장의 맨 마지막에 위치한다.

B 1 felt his son's hands (to be) sticky
2 left us curious
3 makes conversation difficult
4 thought his mother's cake (to be) delicious
5 found the street (to be) full of people

5 full of는 '~로 가득 찬'의 뜻으로 전치사 of 다음에는 명사(구)를 써야 한다.

P A T T E R N 15   p.16

s+V+명사+to부정사(구)

A 1 The story caused me to change my mind.
2 My mom allowed me to watch television.
3 The spectators encouraged the team to win.
4 My grandmother would like me to concentrate on my schoolwork.
5 The landscape inspires her to draw a picture.

B 1 led James to turn on
2 reminded him to speak quietly
3 taught his students to think critically
4 instructed his son to sow the seeds
5 required us to write a book report

s+V+명사+v/v-ing/p.p.

A 1 He kept the bags packed.
  2 Sean had a portrait of himself painted.
  3 The man made himself known to his neighbors.
  4 She leaves the lights turned on during sleep.
  5 The scientist had his assistant hold the beaker.

B 1 saw the man slipping
  2 felt the ball hit
  3 needs the red wallet repaired
  4 found the cat sleeping on the bed
  5 heard the complaint told

1 the man이 미끄러지는 능동의 의미와 '~하고 있는' 진행의 의미를 나타내는 slipping으로 써야 한다.
2 the ball이 때려지는 수동의 의미이므로 hit의 p.p.인 hit으로 쓴다.
3 the red purse가 수선되는 수동의 의미이므로 repaired로 써야 한다.
4 the cat이 자고 있는 능동의 의미와 '~하고 있는' 진행의 의미를 나타내는 sleeping으로 써야 한다.
5 the complaint가 '(누군가에 의해) 말해지는' 수동의 의미이므로 told를 쓴다.

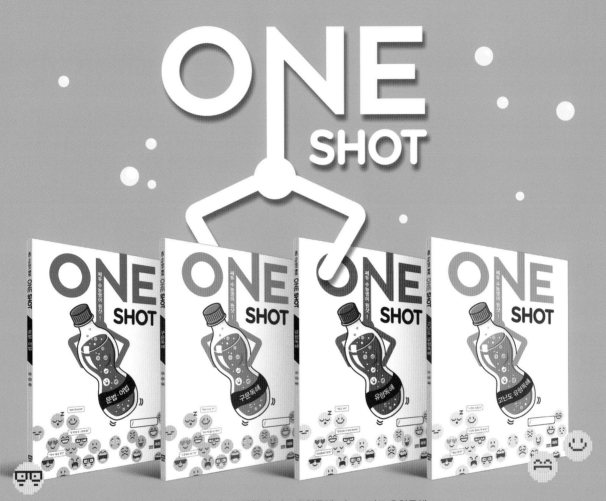

쎄듀 초·중등 커리큘럼

	예비초	초1	초2	초3	초4	초5	초6
구문		신간 **천일문 365 일력** | 초1-3		**초등코치 천일문 SENTENCE**			
		교육부 지정 초등 필수 영어 문장		1001개 통문장 암기로 완성하는 초등 영어의 기초			
문법					**초등코치 천일문 GRAMMAR**		
					1001개 예문으로 배우는 초등 영문법		
			왓츠 Grammar		Start (초등 기초 영문법) / Plus (초등 영문법 마무리)		
독해				**왓츠 리딩 70 / 80 / 90 / 100 A / B**			
				쉽고 재미있게 완성되는 영어 독해력			
어휘				**초등코치 천일문 VOCA&STORY**			
				1001개의 초등 필수 어휘와 짧은 스토리			
		패턴으로 말하는 초등 필수 영단어 1 / 2		문장 패턴으로 완성하는 초등 필수 영단어			
ELT	**Oh! My PHONICS 1 / 2 / 3 / 4**		유·초등학생을 위한 첫 영어 파닉스				
		Oh! My SPEAKING 1 / 2 / 3 / 4 / 5 / 6		핵심 문장 패턴으로 더욱 쉬운 영어 말하기			
		Oh! My GRAMMAR 1 / 2 / 3		쓰기로 완성하는 첫 초등 영문법			

	예비중	중1	중2	중3
구문	**천일문 STARTER 1 / 2**			중등 필수 구문 & 문법 총정리
문법	**천일문 GRAMMAR LEVEL 1 / 2 / 3**			예문 중심 문법 기본서
	GRAMMAR Q Starter 1, 2 / Intermediate 1, 2 / Advanced 1, 2			학기별 문법 기본서
	잘 풀리는 영문법 1 / 2 / 3			문제 중심 문법 적용서
	GRAMMAR PIC 1 / 2 / 3 / 4			이해가 쉬운 도식화된 문법서
		1센치 영문법		1권으로 핵심 문법 정리
문법+어법		**첫단추 BASIC 문법·어법편 1 / 2**		문법·어법의 기초
문법+쓰기	**EGU 영단어&품사 / 문장 형식 / 동사 써먹기 / 문법 써먹기 / 구문 써먹기**			서술형 기초 세우기와 문법 다지기
				올씀 1 기본 문장 PATTERN 내신 서술형 기본 문장 학습
쓰기	**거침없이 Writing LEVEL 1 / 2 / 3**			중등 교과서 내신 기출 서술형
		중학 영어 쓰작 1 / 2 / 3		중등 교과서 패턴 드릴 서술형
어휘	신간 **천일문 VOCA 중등 스타트/필수/마스터**			2800개 중등 3개년 필수 어휘
	어휘끝 중학 필수편		중학 필수어휘 1000개 **어휘끝 중학 마스터편**	고난도 중학어휘 +고등기초 어휘 1000개
독해	**Reading Relay Starter 1, 2 / Challenger 1, 2 / Master 1, 2**			타교과 연계 배경 지식 독해
		READING Q Starter 1, 2 / Intermediate 1, 2 / Advanced 1, 2		예측/추론/요약 사고력 독해
독해전략		**리딩 플랫폼 1 / 2 / 3**		논픽션 지문 독해
독해유형		**Reading 16 LEVEL 1 / 2 / 3**		수능 유형 맛보기 + 내신 대비
		첫단추 BASIC 독해편 1 / 2		수능 유형 독해 입문
듣기	**Listening Q 유형편 / 1 / 2 / 3**			유형별 듣기 전략 및 실전 대비
		쎄듀 빠르게 중학영어듣기 모의고사 1 / 2 / 3		교육청 듣기평가 대비

올씀
서술형 시리즈 1

ALL
씀

기본 문장 PATTERN

WORKBOOK

쎄듀

올씀
서술형 시리즈 1

WORKBOOK

기본 문장 PATTERN

PATTERN 1 | s+V

A 배열 영작 다음 우리말과 일치하도록 괄호 안에 주어진 단어를 순서대로 배열하시오.

1 그 여자아이는 그 나무 근처에 서 있었다. (stood / the tree / the girl / near)
→

2 그녀는 엄마에게 거의 거짓말하지 않는다. (her mom / hardly lies / she / to)
→

3 무지개가 하늘에 나타났다. (appeared / the sky / in / a rainbow)
→

4 잔디 위에 앉지 마시오. (on / sit down / don't / the lawn)
→

5 이상한 일들이 어제 일어났다. (yesterday / things / happened / strange)
→

B 조건 영작 다음 우리말과 일치하도록 괄호 안의 단어를 활용하여 문장을 완성하시오. (필요시 어형 변화 가능)

1 이제 자러 가는 건 어떠니? (to, sleep, go)
→ Why don't you _____ now?

2 풍선들이 하늘로 솟아올랐다. (the sky, into, rise)
→ The balloons _____.

3 거미 한 마리가 천장에 있었다. (the ceiling, be, on)
→ A spider _____.

4 그 종이비행기가 땅에 떨어졌다. (the ground, to, fall)
→ The paper plane _____.

5 남동생이 내 방 안으로 서둘러 들어왔다. (into, come, room, my)
→ My little brother _____ hurriedly.

PATTERN 2 | s+BE+형용사(구)

ANSWER p.32

A 배열 영작 다음 우리말과 일치하도록 괄호 안에 주어진 단어를 순서대로 배열하시오.

1 그녀는 혼란 속에서 침착함을 유지했다. (kept / she / calm / among the chaos)
→

2 할머니의 머리카락이 하얗게 변했다. (hair / white / my grandmother's / turned)
→

3 이 레모네이드는 신맛이 난다. (sour / this lemonade / tastes)
→

4 그의 얼굴은 충격으로 창백해 보였다. (his face / with shock / pale / looked)
→

5 냉장고 안에서 무언가가 썩은 냄새가 난다. (smells / something / in the refrigerator / rotten)
→

B 조건 영작 다음 우리말과 일치하도록 괄호 안의 단어를 활용하여 문장을 완성하시오. (필요시 어형 변화 및 단어 추가 가능)

1 모든 사람들은 시간이 지남에 따라 늙게 된다. (man, old, become, all)
→ _____ with time.

2 Tommy는 시험 결과에 행복해 보인다. (happy, look)
→ _____ with the test result.

3 새 빵집에서 빵은 신선한 냄새가 난다. (fresh, bread, smell)
→ _____ in the new bakery.

4 우리는 도서관에서 조용한 상태를 유지했다. (quiet, keep)
→ _____ in the library.

5 몇몇 한국어 단어는 외국인들에게 재밌게 들릴 수 있다. (funny, some Korean words, sound)
→ _____ to foreigners.

PATTERN 3 | s+BE+형용사구/명사(구)

ANSWER p.32

A 배열 영작 다음 우리말과 일치하도록 괄호 안에 주어진 단어를 순서대로 배열하시오.

1 Maria는 전문 피아니스트인 것 같았다. (a professional pianist / Maria / seemed)
→

2 이런 날씨는 여름처럼 느껴진다. (feels / summer / like / this weather)
→

3 이 나무는 멋진 옷장이 될 것이다. (will / a fine closet / this tree / make)
→

4 Lewis는 죽은 후에도 여전히 유명한 작가이다.
(Lewis / a famous writer / remains / after his death)
→

5 이 스마트폰은 최신의 것으로 보인다. (the latest one / appears / this smartphone)
→

B 조건 영작 다음 우리말과 일치하도록 괄호 안의 단어를 활용하여 문장을 완성하시오. (필요시 어형 변화 및 단어 추가 가능)

1 새 차는 플라스틱 같은 냄새가 난다. (plastic, smell)
→ New cars _____.

2 이 사탕은 레몬 같은 맛이 난다. (taste, a lemon)
→ This candy _____.

3 그 마을은 휴일을 위한 좋은 장소처럼 보인다. (a nice place, look)
→ The village _____ for a holiday.

4 Gary는 과학 경진 대회에서 수상자가 되었다. (a winner, become)
→ _____ in the science competition.

5 그 남자는 좋은 기자처럼 보였다. (a good reporter, seem)
→ The man _____.

PATTERN 4 | s+V+명사(구)

ANSWER p.32

A [배열 영작] 다음 우리말과 일치하도록 괄호 안에 주어진 단어를 순서대로 배열하시오.

1 할머니께서 내 정직함을 칭찬하셨다. (praised / my grandmother / my honesty)

→

2 나는 함께 일하는 것의 가능성에 대해 의논했다.

(working together / I / the possibility / of / discussed)

→

3 그 보모는 게임의 규칙에 관해 설명했다.

(the rules / of / explained / the babysitter / the game)

→

4 Joseph은 오랜 시간 후에 전공을 선택했다. (a long time / Joseph / after / a major / chose)

→

5 Bianca는 팀 리더에게 내 아이디어에 대해 언급했다.

(my ideas / the team leader / Bianca / mentioned / to)

→

B [조건 영작] 다음 우리말과 일치하도록 괄호 안의 단어를 활용하여 문장을 완성하시오. (필요시 어형 변화 및 단어 추가 가능)

1 누군가가 마침내 초인종에 응답했다. (the door bell, someone, answer)

→ _____, finally.

2 Sara는 콘서트까지 Jim과 동행했다. (accompany)

→ _____ to the concert.

3 내 조부모님은 1950년에 전쟁에서 살아남으셨다. (the war, grandparents, survive)

→ _____ in 1950.

4 너는 하루에 물 8컵을 마셔야 한다. (a cup of, should, drink)

→ _____ a day.

5 너는 그 컴퓨터에서 중요한 자료에 접근할 수 있다. (important data, access)

→ _____ on the computer.

PATTERN 5 | s+V+전치사+명사(구)

ANSWER p.33

A 배열 영작 다음 우리말과 일치하도록 괄호 안에 주어진 단어를 순서대로 배열하시오.

1 과학자들은 다른 행성에서 생명체를 찾는다.

(for / life / on / scientists / look / other planets)

→

2 많은 사람들이 그 두 나라 사이의 평화를 바란다.

(for / between / many people / peace / hope / the two countries)

→

3 Kelly는 Sean으로부터 사과를 기다리고 있다.

(an apology / is / Sean / Kelly / waiting / from / for)

→

4 그 건축 공사가 내 수면을 방해한다. (my sleep / with / the construction / interferes)

→

5 그 선수는 골을 넣는 데 성공했다. (in / the goal / the player / scoring / succeeded)

→

B 조건 영작 다음 우리말과 일치하도록 괄호 안의 단어를 활용하여 문장을 완성하시오. (필요시 어형 변화 및 단어 추가 가능)

1 우리 반은 영어 캠프를 신청했다. (the English camp, apply)

→ My class _____.

2 그는 심각하게 신문을 자세히 읽었다. (look, the newspaper)

→ _____ seriously.

3 Anne은 대학에서 중국어를 전공했다. (Chinese, major)

→ _____ in college.

4 국경 없는 의사회는 많은 의료 전문가들로 구성된다. (many health professionals, consist)

→ Doctors Without Borders _____.

5 우리 선생님께서는 늦게 낸 숙제를 고려하지 않으신다. (late assignments, allow)

→ My teacher _____.

PATTERN 6 | s+V+to부정사(구)

ANSWER p.33

A 배열 영작 다음 우리말과 일치하도록 괄호 안에 주어진 단어를 순서대로 배열하시오.

1 사막은 건조한 경향이 있다. (be / tends / the desert / to / dry)
→

2 Claire는 우리 수영팀에 가입하는 것을 거절했다.
(join / our swim team / declined / Claire / to)
→

3 그 권투 선수는 언젠가 선수권 대회에서 우승하기를 희망한다.
(someday / the championship / the boxer / hopes / to win)
→

4 인간은 행복해지기 위해 애정을 느낄 필요가 있다.
(be / need / to / to / happy / love / humans / feel)
→

5 Amelia는 자신의 생일 파티에 그를 초대하고 싶어 한다.
(to / wishes / her birthday party / invite / Amelia / to / him)
→

B 조건 영작 다음 우리말과 일치하도록 괄호 안의 단어를 활용하여 문장을 완성하시오. (필요시 어형 변화 및 단어 추가 가능)

1 Ava는 딸의 선생님과 이야기하기를 요구했다. (speak to, demand)
→ Ava _____ her daughter's teacher.

2 그 직원은 회사의 제안을 받아들일 계획이다. (plan, accept)
→ The staff _____ the company's offer.

3 내 삼촌은 지금 당장 새 차를 살 여유가 없다. (buy, a new car, afford)
→ My uncle can't _____ right now.

4 나는 7살에 자전거를 타는 것을 배웠다. (a bike, ride, learn)
→ I _____ at the age of seven.

5 열심히 공부한 후에, 여러분은 쉴 자격이 있다. (a rest, deserve, take)
→ After studying hard, you _____ .

PATTERN 7 | s+V+동명사(구)

A 배열 영작 다음 우리말과 일치하도록 괄호 안에 주어진 단어를 순서대로 배열하시오.

1 그는 자신의 방을 청소하는 것을 미루었다. (his room / postponed / he / cleaning)

→

2 그 의사는 충분한 수면을 취하는 것을 추천한다.

(recommends / enough sleep / getting / the doctor)

→

3 너는 네 시간을 낭비하는 것을 그만두어야 한다. (your time / wasting / should / you / quit)

→

4 그 집안일은 식물에 물을 주는 것을 포함한다. (involves / watering / the housework / the plants)

→

5 Bryan은 건강에 좋지 않은 음식을 먹는 것을 피하고 있다.

(eating / unhealthy / Bryan / avoiding / is / foods)

→

B 조건 영작 다음 우리말과 일치하도록 괄호 안의 단어를 활용하여 문장을 완성하시오. (필요시 어형 변화 및 단어 추가 가능)

1 내 남동생은 어젯밤에 내 일기장을 가져간 것을 부인했다. (my diary, take, deny)

→ My little brother _____ last night.

2 그 설명서는 여과 장치를 6개월마다 씻을 것을 제안한다. (the filter, suggest, clean)

→ The manual _____ every six months.

3 Agnes는 우리를 기다리는 것을 꺼리지 않을 것이다. (mind, wait, won't)

→ _____ for us.

4 그 아이는 풍선을 부는 것을 포기했다. (a balloon, give up, blow up)

→ The child _____ .

5 그 학생은 그 시험에서 부정행위를 한 것을 인정했다. (cheat, admit)

→ _____ on the test.

PATTERN 8 | s+V+to부정사(구)/동명사(구)

ANSWER p.33

A 배열 영작 다음 우리말과 일치하도록 괄호 안에 주어진 단어를 순서대로 배열하시오.

1 그 여자는 지하철에서 책을 읽는 것을 매우 좋아한다.

(the woman / to / books / on / read / loves / the subway)

→

2 그 판사는 그 사건을 살펴볼 작정이다. (intends / the judge / look at / the case / to)

→

3 그 밴드는 사고에도 불구하고 계속해서 연주했다.

(continued / in spite of / the accident / the band / playing)

→

4 그 아이는 엄마를 당황하게 할 의도는 아니었다.

(his mom / the kid / to / didn't / mean / embarrass)

→

5 정전으로 인해 엘리베이터가 운행을 멈췄다.

(the blackout / working / because of / stopped / the elevator)

→

B 조건 영작 다음 우리말과 일치하도록 괄호 안의 단어를 활용하여 문장을 완성하시오. (필요시 어형 변화 및 단어 추가 가능)

1 그녀는 그의 이름을 기억해내려고 노력했다. (his name, remember, try)

→ She _____ .

2 우리 아버지께서는 집에서 저녁을 먹는 것을 선호하신다. (prefer, supper, eat)

→ My father _____ at home.

3 우리는 그늘에서 잠시 쉬기 위해 멈춰 섰다. (stop, a rest, take)

→ We _____ in the shade for a while.

4 내가 창문을 닫을 것을 잊어서 도둑이 들었다. (the window, close, forget)

→ I _____ and the thief broke in.

5 누군가를 사랑하는 것은 그들을 이해하는 것을 의미한다. (understand, mean)

→ Loving someone _____ .

PATTERN 9 | s+V+명사(구)+전명구 I

ANSWER p.34

A 배열 영작 다음 우리말과 일치하도록 괄호 안에 주어진 단어를 순서대로 배열하시오.

1 파도는 큰 바위를 모래로 바꿨다. (turned / a big rock / the waves / sand / into)
→

2 그 불량배는 John의 가방에서 돈을 훔쳤다.
(money / the bully / John's backpack / from / stole)
→

3 그는 그 여자를 유명한 여배우로 오인했다.
(the woman / for / he / a famous actress / mistook)
→

4 그녀는 그 신발을 다른 한 켤레로 교환했다.
(the shoes / another pair / exchanged / for / she)
→

5 Mary는 바람 빠진 타이어를 여분의 것으로 교체했다.
(the flat tire / with / Mary / the spare one / replaced)
→

B 조건 영작 다음 우리말과 일치하도록 괄호 안의 단어를 활용하여 문장을 완성하시오. (필요시 어형 변화 및 단어 추가 가능)

1 Abraham Lincoln은 노예들을 노예 제도에서 자유롭게 했다. (slavery, the slaves, free)
→ Abraham Lincoln _____ .

2 과학자들은 저 별을 우주에서 가장 큰 것으로 여긴다. (the largest one, think of, that star)
→ Scientists _____ in the universe.

3 사장님은 나의 동료를 새로운 번역가로 임명했다. (my coworker, the new translator, appoint)
→ The boss _____ .

4 나는 체중을 감량하기 위해 운동을 건강한 식단과 결합한다. (a healthy diet, combine, exercise)
→ I _____ to lose weight.

5 많은 학생들이 스펠링 때문에 사막(desert)을 디저트(dessert)와 혼동한다.
(dessert, confuse, desert, many)
→ _____ because of the spelling.

A **배열 영작** 다음 우리말과 일치하도록 괄호 안에 주어진 단어를 순서대로 배열하시오.

1 그는 시험에 떨어진 것에 대해 자신의 게으름을 비난했다.

(his laziness / the exam / blamed / for / he / failing)

→

2 가뭄은 꽃에서 수분을 빼앗았다. (the flowers / the drought / water / of / deprived)

→

3 아이들이 색깔을 시각 장애인에게 묘사했다.

(color / the kids / a blind person / to / described)

→

4 그 필터는 스팸 메일이 수신함에 들어오는 것을 막는다.

(keeps / entering / the inbox / spam e-mail / from / the filter)

→

5 그 친절한 여자는 자신을 이웃에게 소개했다.

(herself / to / the friendly woman / her neighbor / introduced)

→

B **조건 영작** 다음 우리말과 일치하도록 괄호 안의 단어를 활용하여 문장을 완성하시오. (필요시 어형 변화 및 단어 추가 가능, 「S+V+명사(구)+전명구」의 형태로 쓸 것)

1 이 우물은 마을 사람들에게 깨끗한 물을 제공한다. (clean water, villagers, supply)

→ This well _____.

2 유진이는 고맙다고 자신의 친구에게 말했다. (say, her friend, thank you)

→ Yujin _____.

3 그 아기는 울음으로 엄마에게 자신의 배고픔을 알렸다. (his hunger, inform, his mom)

→ The baby _____ by crying.

4 그 소년은 맛있는 저녁에 대해 이모에게 감사해했다. (the delicious dinner, thank, his aunt)

→ The boy _____.

5 그 소녀는 영화 보러 가는 것을 동생에게 제안했다. (go to a movie, suggest)

→ The girl _____ her brother.

11

PATTERN 11 | s+V+that절

A [배열 영작] 다음 우리말과 일치하도록 괄호 안에 주어진 단어를 순서대로 배열하시오.

1 그 보모는 그 아이가 잠들었다고 생각했다.

(that / the babysitter / the child / thought / fell asleep)

→

2 그는 자신이 바나나 껍질을 밟았다는 것을 알아차렸다.

(realized / a banana peel / he / stepped on / that / he)

→

3 그녀는 일기를 쓸 것이라고 결심했다. (she / that / decided / she / keep a diary / will)

→

4 선생님께서는 그가 숙제에 더 많은 시간을 써야 한다고 제안했다.

(on his homework / suggested / he / the teacher / more time / that / spend)

→

5 그 아이들은 할머니께서 자신들에게 사탕을 주셔야 한다고 요구했다.

(demanded / their grandmother / to them / the children / that / give / candy)

→

B [조건 영작] 다음 우리말과 일치하도록 괄호 안의 단어를 활용하여 문장을 완성하시오. (필요시 어형 변화 및 단어 추가 가능, 「S+V+that절」의 형태로 쓸 것)

1 내 친구는 내가 달리기 동아리에 가입해야 한다는 것을 추천한다.

(the running club, recommend, join)

→ My friend _____.

2 사서 선생님은 우리가 어떤 책이든 읽을 수 있다고 말씀하신다. (any book, say, read)

→ The librarian _____.

3 John은 많은 친구들이 자신의 파티에 올 것이라고 예상한다. (will come, many, expect)

→ John _____ to his party.

4 그 남자는 자기가 곧 피자를 배달할 것이라고 대답했다. (will deliver, reply, the pizza)

→ The man _____ soon.

5 치과 의사들은 아이들이 잠자기 전에 양치질해야 한다고 주장한다. (brush, children, their teeth)

→ Dentists insist _____ before bedtime.

PATTERN 12 | s+V+명사(구)¹+명사(구)² I

A [배열 영작] 다음 우리말과 일치하도록 괄호 안에 주어진 단어를 순서대로 배열하시오.

1 그 여행 안내자는 우리에게 새로운 목적지를 제안했다.

(us / the tour guide / new destinations / offered)

→

2 그 네덜란드인이 내게 몇 개의 네덜란드 말을 가르쳐주었다.

(me / some Dutch words / taught / the Dutch person)

→

3 그 시인은 연인에게 사랑에 대한 시를 써주었다.

(the poem / his lover / wrote / love / the poet / about)

→

B [문장 전환] 다음 두 문장이 같은 의미가 되도록 빈칸에 알맞은 말을 쓰시오.

1 Could you pass me that newspaper?

= Could you _____ me?

2 The girl sent her favorite singer a fan letter.

= The girl _____ her favorite singer.

3 The company paid the bank several thousand dollars.

= The company _____ the bank.

4 My grandmother showed me some old photos.

= My grandmother _____ me.

C [조건 영작] 다음 우리말과 일치하도록 괄호 안의 단어를 활용하여 문장을 완성하시오. (필요시 어형 변화 및 단어 추가 가능, 전치사를 반드시 포함할 것)

1 그 대통령은 사람들에게 깨끗한 공기를 약속했다. (clean air, promise)

→ The president _____.

2 제게 당신의 코트를 빌려주시겠어요? (your coat, lend)

→ Would you _____, please?

13

PATTERN 13 | s+V+명사(구)¹+명사(구)² Ⅱ

A 배열 영작 다음 우리말과 일치하도록 괄호 안에 주어진 단어를 순서대로 배열하시오.

1 한 소년이 소녀에게 들판에서 네 잎 클로버를 찾아주었다.

(a girl / found / a field / a four-leaf clover / a boy / in)

→

2 Emma는 부모님께 자신의 실수를 인정했다.

(her mistake / Emma / to / her parents / admitted)

→

3 나는 부모님께 제주도로 가는 비행기 표를 사드렸다.

(the plane tickets / my parents / I / bought / to Jeju Island)

→

4 그 신입 사원은 상사에게 자신의 계획을 설명했다.

(his boss / his project / the new employee / explained / to)

→

B 문장 전환 다음 두 문장이 같은 의미가 되도록 빈칸에 알맞은 말을 쓰시오.

1 I can't buy myself a new car for now.

= I can't _____ myself for now.

2 Can you get me some onions?

= Can you _____ me?

3 The dog found him the remote control.

= The dog _____.

4 You'd better ask your teacher the word's meaning.

= You'd better _____ your teacher.

C 조건 영작 다음 우리말과 일치하도록 괄호 안의 단어를 활용하여 문장을 완성하시오. (필요시 어형 변화 및 단어 추가 가능, 전치사를 반드시 포함할 것)

1 그 화가는 그 남자에게 초상화를 만들어주었다. (a portrait, make)

→ The painter _____.

2 의사가 내게 수술을 제안했다. (surgery, suggest)

→ My doctor _____.

PATTERN 14 | s+V+명사+명사(구)/형용사(구) ANSWER p.35

A `배열 영작` 다음 우리말과 일치하도록 괄호 안에 주어진 단어를 순서대로 배열하시오.

1 그 교수님은 자신의 연구를 성공으로 여기신다.

(his research / considers / the professor / a success)

→

2 그들은 Mia를 마케팅 매니저로 임명했다.

(as / appointed / marketing manager / Mia / they)

→

3 그 남자는 프라이드치킨이 매운 것을 선호한다. (fried chicken / prefers / the man / spicy)

→

4 많은 숙제는 나를 온종일 바쁘게 했다. (kept / all day / homework / busy / me / a lot of)

→

5 시민들은 그를 그 마을의 시장으로 선출했다.

(him / elected / of / the mayor / the citizens / the town)

→

B `조건 영작` 다음 우리말과 일치하도록 괄호 안의 단어를 활용하여 문장을 완성하시오. (필요시 어형 변화 및 단어 추가 가능, 「S+V+명사+명사(구)/형용사(구)」의 형태로 쓸 것)

1 그는 아들의 손이 초콜릿으로 끈적거리는 것을 느꼈다. (sticky, his son's hands, feel)

→ He _____ with chocolate.

2 그의 마지막 말은 우리를 궁금한 상태로 남겨두었다. (leave, curious)

→ His final words _____.

3 바깥 소음은 대화를 어렵게 만든다. (difficult, conversation, make)

→ The noise outside _____.

4 Gary는 어머니의 케이크가 맛있다고 생각했다. (think, delicious, his mother's cake)

→ Gary _____.

5 Tess는 그 거리가 사람들로 가득 차 있다는 것을 알게 되었다. (full of, the street, find)

→ Tess _____.

PATTERN 15 | s+V+명사+to부정사(구)

A 배열 영작 다음 우리말과 일치하도록 괄호 안에 주어진 단어를 순서대로 배열하시오.

1 그 이야기는 내가 생각을 바꾸도록 했다.

(caused / change / me / the story / to / my mind)

→

2 우리 엄마는 내가 TV를 보도록 허락하셨다.

(television / allowed / to / me / my mom / watch)

→

3 관중들은 그 팀이 이기도록 격려했다.

(to / encouraged / the team / win / the spectators)

→

4 우리 할머니께서는 내가 학업에 집중하기를 원하신다.

(would like / my grandmother / my schoolwork / concentrate on / me / to)

→

5 그 풍경은 그녀가 그림을 그리도록 영감을 준다.

(inspires / the landscape / a picture / to / her / draw)

→

B 조건 영작 다음 우리말과 일치하도록 괄호 안의 단어를 활용하여 문장을 완성하시오. (필요시 어형 변화 및 단어 추가 가능, 「S+V+명사+to부정사(구)」의 형태로 쓸 것)

1 더위는 James가 에어컨을 켜도록 이끌었다. (turn on, lead)

→ The heat _____ the air conditioner.

2 그녀는 그가 복도에서 조용히 이야기하도록 상기시켰다. (quietly, remind, speak)

→ She _____ in the hall.

3 그 교수는 자신의 학생들에게 비판적으로 생각하는 것을 가르쳤다. (his, critically, think, teach)

→ The professor _____ .

4 그 농부는 아들이 땅에 씨를 뿌리도록 지시했다. (the seeds, instruct, his son, sow)

→ The farmer _____ in the ground.

5 우리 선생님께서 우리가 독후감을 쓰도록 요구하셨다. (a book report, require, write)

→ My teacher _____ .

PATTERN 16 | s+V+명사+v/v-ing/p.p.

ANSWER p.36

A 배열 영작 다음 우리말과 일치하도록 괄호 안에 주어진 단어를 순서대로 배열하시오.

1 그는 가방들을 싼 채로 두었다. (kept / the bags / packed / he)

→

2 Sean은 자신의 초상화가 그려지도록 했다. (of / painted / a portrait / had / Sean / himself)

→

3 그 남자는 그 자신이 이웃들에게 알려지도록 했다.

(himself / his neighbors / the man / known / made / to)

→

4 그녀는 자는 동안 불이 켜진 채로 둔다. (she / turned on / leaves / during sleep / the lights)

→

5 그 과학자는 조수가 비커를 들도록 했다.

(had / hold / the beaker / his assistant / the scientist)

→

B 조건 영작 다음 우리말과 일치하도록 괄호 안의 단어를 활용하여 문장을 완성하시오. (필요시 어형 변화 및 단어 추가 가능, 「S+V+명사+v/v-ing/p.p.」의 형태로 쓸 것)

1 Misha는 그 남자가 얼음 위에서 미끄러지고 있는 것을 보았다. (slip, see)

→ Misha _____ on the ice.

2 그 야구 선수는 공이 배트로 때려진 것을 느꼈다. (hit, the ball, feel)

→ The baseball player _____ by the bat.

3 그녀는 그 빨간 지갑이 수선되게 할 필요가 있다. (repair, the red wallet, need)

→ She _____.

4 우리는 그 고양이가 침대 위에서 자고 있는 것을 알았다. (on the bed, find)

→ We _____.

5 그 점원은 자신에게 불평이 말해지는 것을 들었다. (the complaint, tell, hear)

→ The clerk _____ to her.

MEMO

MEMO